引领优质阅读　创造美好生活

通往未来之路

GATEWAY TO THE FUTURE

培养有梦想的孩子

赵昂　任国荣　著

机械工业出版社
CHINA MACHINE PRESS

很多老师和父母被孩子缺乏信心、缺乏动力、目标缺失等问题所困扰，而孩子出现这些问题的根本原因是"梦想教育缺失"。本书提出了"生涯教育，就是梦想教育"的观点，并对"梦想教育"体系进行了全面的解读，围绕"为什么要进行梦想教育""如何帮助孩子建构梦想""如何支持孩子实践梦想"，以及"如何帮助孩子拓展梦想"等四大问题进行了系统的阐述。通过阅读本书，老师和父母可以深入了解生涯教育，建立更为全面的教育观，更好地陪伴孩子成长，让孩子拥有梦想，具备过好一生的能力。

图书在版编目（CIP）数据

通往未来之路：培养有梦想的孩子／赵昂，任国荣著. —北京：机械工业出版社，2020.5（2020.5重印）
ISBN 978-7-111-65070-6

Ⅰ. ①通… Ⅱ. ①赵…②任… Ⅲ. ①儿童教育-家庭教育 Ⅳ. ①G782

中国版本图书馆CIP数据核字（2020）第046099号

机械工业出版社（北京市百万庄大街22号　邮政编码100037）
策划编辑：王淑花　张潇杰　　责任编辑：王淑花　张潇杰
责任校对：刘鸿雁　　　　　　封面设计：徐梦婕
责任印制：郜　敏
北京中兴印刷有限公司印刷
2020年5月第1版第3次印刷
145mm×210mm·9.625印张·2插页·171千字
标准书号：ISBN 978-7-111-65070-6
定价：59.80元

电话服务　　　　　　　　　网络服务
客服电话：010-88361066　　机　工　官　网：www.cmpbook.com
　　　　　010-88379833　　机　工　官　博：weibo.com/cmp1952
　　　　　010-68326294　　金　书　网：www.golden-book.com
封底无防伪标均为盗版　机工教育服务网：www.cmpedu.com

专家推荐

认识赵昂老师很多年了，他从生涯咨询开始，帮助一个个来访者探寻自我，战胜困难，在现实世界中找到完善自我要走的路，那时候，他服务的对象主要是成年人。几年前，出于对社会的责任感和对人的关怀，他将目光转向年轻人，期待用浸淫多年的生涯咨询的实践经验来帮助孩子们健康成长，于是，我们今天得以看到这本《通往未来之路》。

我们的教育被应试捆绑得要窒息了，无数青少年深陷不知何谓的分数中，丧失了对真实世界的体验和对自身感受的觉察，无法培养兴趣，无处体验成就，也很难形成厚重的生命意义感。生涯教育的使命应运而生，它要为枯燥的生活注入活力，为繁重的学习塑造灵魂。赵昂老师的这本新书，正立意于此，期待从生涯的角度帮助孩子们树立梦想，让每个个体成为有动力、有梦想的、活生生的人，自此知道自己从何而来，往何而去，让生命绽放其应有的光彩。

——北京师范大学心理学部教授　**乔志宏**

有梦想才有奋斗目标，有梦想才有学习动力。

生涯教育的核心就在于指导学生在"懂自己""明环境"

的基础上进行智慧选择，确定适合自己的发展目标和人生梦想，并激发学习原动力，为实现梦想而奋斗。

这本书旗帜鲜明地提出"生涯教育，就是梦想教育"的观点，不仅阐释了"为什么要进行梦想教育"的问题，而且回答了"如何帮助孩子建构梦想""如何支持孩子实现梦想"，以及"如何帮助孩子拓展梦想"等问题。立意高远，实用性强。既有学理的分析，也有实践的总结；既有理念的启发，也有方法的指导。

——南京师范大学教授、博士生导师　顾雪英

《通往未来之路》是一部新颖的、博学的中国生涯教育之书。它的到来十分及时且意义重大。迄今为止，对于梦想，我们还知之甚少也研究甚少，因此在学校教育中的发展也颇有欠缺。教育者们的工作十分神圣，是在为学生们的未来负责。这本书以支持建构通往未来之路为宗旨，充满了实践中的真知灼见。无论对于老师还是父母，都是一本值得关注的作品。

——国际生涯专业联合会（ACPI）主任，
国际生涯认证协会（ICCI）管理委员会主席　**Allan Gatenby**

如何能够让我的学生主动学习，取得好成绩考入好大学，拥有满意人生？如何让我的孩子将来有一技之长、生存之本、良好的判断力和决策力，我可以放心让他独立生活？相信这是很多老师与父母的共同心声与诉求。

专家推荐

让学生们、孩子们自我赋能，是根本有效的方法。然而我们如何做，才能引导帮助学生、孩子自我赋能呢？《通往未来之路》系统、深入，又生动、形象地讲述了我们可以做些什么、为什么这样做以及如何做。书中分享了赵昂老师多年生涯咨询及教育研究的精华心得、大量的生涯发展故事、更有落地有效且细致的生涯教育实操指导。

《通往未来之路》是一本生涯发展的理论精选集，是一本生动丰富的生涯故事集，也是一本实操性极高的生涯教育实战宝典。我相信每一位读者都会从中有所感悟、有所收获。让我们一起学习生涯智慧，成为我们挚爱之人——我们的孩子与学生的最好的生涯咨询师、引导师！

——蓝达生涯（新西兰）创始人、新西兰生涯发展协会专业级生涯咨询师、亚太生涯发展协会（APCDA）专业级会员　**Yolanda Li**

个体成长的出发点在哪里？个人发展的原动力是什么？这是一个永恒的教育主题。蒙台梭利有言"教育就是激发生命，充实生命，协助孩子们用自己的力量生存下去，并帮助他们发展这种精神"，而梦想，无疑是激发生命的火种，从这个意义上来说，生涯教育就是梦想教育。

《通往未来之路》立足新的成长环境，指导老师和父母去激发孩子的人生梦想，带领他们走向未来的成功之路，内容具有很强的可操作性。生涯教育让孩子们的梦想之花绚丽绽放，此书值得期待！

——全国百强名校正定中学校长，正高级教师、特级教师　**周庆**

赵昂老师是我遇到过的极少数在生涯领域，尤其是在青少年生涯教育领域不断深入探索的躬身前行者。他是我十余年的好友，我从他身上看到了智慧、责任和努力：他用了六年的时间，把曾经近十年丰厚的生涯咨询经验带入到青少年生涯教育领域，不断探索整合、实践和研究，他辗转于全国各地、不同的学校和家长课堂。每次见面，他的梦想、激情、责任、思考以及亲身经历的故事都深深打动着我，让我深深感到在支持人发展的路上遇到了真正的学习者、奉献者和同行者。

每位父母都希望能帮助孩子找到通往未来的路，每位老师都希望孩子有明确的目标、有梦想并为之努力学习，每个孩子也都希望自己在充满阳光的路上带着十足的信心、动力去成长。《通往未来之路》会给你答案，因为它帮助你从不同的高度、不同的视角看待青少年的生涯发展，不仅有严谨的理论、实用的工具，还有动人的故事和鲜活的案例，这让学习变得轻松、有趣、可实践。

——国际认证专业教练、生涯教练、新东方家庭教育资深专家，
中国地质大学（北京）副教授、硕士导师　**鲁华章**

认识昂 sir 有十几年了，因为知道他自 2014 年开始就在探索用梦想教育统领生涯教育，以重构生涯教育的框架、内容，所以 2018 年，我在设计、编写《播下梦想的种子——中学生成长手册》寻求合著者时，就想到了赵昂老师。这本《通往未来之路》弥补了成长手册的一些不足。

本书全面解读了梦想教育的体系，两位作者不仅回答了为

什么要进行梦想教育,而且还通过如何帮助孩子建构梦想、实践梦想、拓展梦想的论述为老师、父母开展生涯教育提供了切实可行的思路、方法和工具。他们的这个尝试,让生涯教育因为有了梦想教育的统领而有了灵魂。孩子最爱做梦,孩子做的梦也最有可能实现。愿所有的孩子都能拥有梦想成真的快乐!愿孩子们的梦想都能成真!

——北京林业大学工学院党委书记、个人发展顾问、
梦想导师、生涯教练　于翠霞

实现中国梦,一定少不了现在的孩子们各自梦想的实现或落地。梦想可以影响梦想,梦想也能够引领梦想。成长是趋势,有梦想引领的成长必将更加快乐、充实、易实现!生涯教育可以让梦想照进现实,敢于有梦、勇于追梦、勤于圆梦,梦想应该如何落地?本书将是出色的助推器!

——华侨大学团委书记,副教授,高级职业指导师,
生涯规划师,BCC生涯教练　王坚

最好的教育是什么?在成长期,激发体内最崇高的善意与人性;在成熟期,激励大脑冒出更多的念头,在行动和坚持中,守住那些不死的梦想。《通往未来之路》一书告诉读者"向梦而生,让成长配得上未来"。

——央视《读书》栏目特邀嘉宾,中国"职场幸福力"倡导者　王薇华

看到赵老师写的以梦想为主题的书籍,非常开心。我深深地感受到梦想有多么重要,然而身边总是有各种各样的声音让

我们不得不放弃或者忽视梦想，专注于"更现实"的东西。很多时候，梦想貌似都是无关紧要的东西或者是奢侈品。可是我想说，如果连自己的梦想都不重视，这个世界还有什么紧要的东西呢？赵老师的书是非常切合时代所需的。我这一代或者父辈那一代的成长，主要是靠物质来驱动我们努力读书。在物质世界不断充裕的今天，在课堂上，我们又拿什么去驱动孩子们努力学习？如果这个问题得不到回答，我们教室里的孩子也许成绩好，但总是闷闷不乐，亦或根本就无心学习。梦想的教育，是紧迫的，而不是锦上添花、可有可无的。

——途梦教育创始人　**杨雪芹**

试读者推荐

立足当下，我们为未来担忧、恐惧和焦虑；展望未来，我们为不敢、不知、不会而无力。《通往未来之路》给我们提供方法、引导方向、赋予能量；《通往未来之路》让我们有能力去实践梦想、有勇气去展望未来！这是一本落地、实用、通俗易懂的家庭教育指导书、教师实践用书、梦想启航书。我曾使用书中的理念和体验活动带领大学生、中学生和自己的孩子在通往未来的路上迎风成长！

——郑州工程技术学院辅导员　**毛永明**

作为父母、老师、生涯规划师、自己的我，看了《通往未来之路》后，很有收获。作为父母，我找到了更有温度和厚度的陪伴宝贝成长的理念和方法；作为老师，我找到了更有深度和更加全面的教育理念和路径；作为青少年生涯导师，我找到了很多马上就能用的理论和工具；作为自己，我再一次深度和全面地梳理了自己的过往，更好地觉察了当下，并且找到了通往未来之路的有力抓手。

——生涯规划师、广东省高中一级教师　**玉老师**

《通往未来之路》给我们带来的是一种生涯智慧，给我们带来的是与众不同的生涯视角，还给我们带来了各种生涯工具。

践行书中的生涯理念，不仅让我看到了自己未来的发展方向，也让我理解了学生的种种问题背后的成因，我也因此懂得了如何更好地发现、支持学生的学习与成长。通过运用书中一个个实用的生涯工具，学生们在我的课堂上展现出了从未有过的激情和光彩。

——湖州市现代农业技术学校教师　**邱　良**

这是一本供教育从业者、家长，甚至是青少年共读的一本书。我们因梦想让生活更精彩，因梦想使内心更加充满力量。梦想的实现方式会根据认知、想法、行动、各种能力所集成，认真阅读这本书会给你方向，并有大量的工具带你进入七彩的世界（视界）。

——生涯规划师　**张志轩**

曾经，我对自己的现状很不满意，却苦于找不到突破的点。直到我遇到昂 sir，遇到生涯教育，我开始对自己的生命有了"主动"的意识。因为主动，我的人生少了无谓的消耗，多了更多有价值的创造。我也因为自己的这份受益不断和身边的朋友分享生涯教育，当他们充满了好奇和向往想要进一步了解时，我却无法给予他们更多。非常惊喜地看到昂 sir 和任国荣老师合著的这本《通往未来之路》，让我们对生涯教育有了更全面的认识，对自己的生命过程有了更多的觉察和意识。这本书不仅仅是送给教育工作者和为人父母者的一份礼物，也是每个人送给自己生命成长的一份礼物。

——河南省许昌市未成年人心理健康辅导中心　**赵海霞**

梦想需要实践&
好书需要分享

早早帮助孩子建立生涯意识，
发展自我认知，培养生涯能力
成就丰盈的人生。

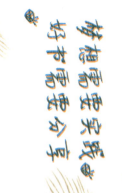

一本面向未来的书,一条通往未来之路,一个畅想未来的梦……读完此书,内心升起希望,作为青少年教育工作者,深刻感受到此书带来的力量。书中系统的生涯教育阐述、系列的生涯教育活动,为中学生涯教育的落地起到指导作用。本书是每位中学教师值得拥有的教学参考书,是每个家长急需了解的成长教育宝典。

——上海市实验学校西校心理教师　胡　晨

迷茫、焦虑、自卑、动力不足,是许多青少年面临的问题。如何找到未来的方向?如何规划和管理生涯,为未来做准备?本书从生涯的视角,多个维度提供了解决这些问题的方法和路径,有道有术,犹如黑暗中的一束光,照亮了老师、家长和青少年探索未来之路。赵昂老师的这本书,倾注了他多年研究、调查和实践的心血。强力推荐!

——生涯规划师　符　充

这是一本关心孩子成长的老师、家长必备的生涯启蒙书。本书具有清晰的框架,提供大量鲜活的案例以及原创的理论模型和具体的指导方案。通过阅读本书会迅速提高你的生涯力,以助力孩子实现梦想,点亮孩子通往未来之路!

——河北省沧州市教育局生涯教育教研员　许庆凡

父母之爱子,老师之爱学生,应为之计深远。随着社会发展和时代进步,父母和老师对孩子有了更多的殷切期望。但如果父母和老师对孩子没有清晰的了解,孩子对自己没有系统的认知，再美好的期待也只会成为无源之水、无本之木，更有甚者，当期待变成了现实，可能却坠入了痛苦的深渊，因为一开始方向就错了。

这本书，全方位、多视角地带我们认识自己、了解孩子、连接梦想、提升觉察。作者将多年积累的实战经验、培训课程的精华内容、实操落地的工具方法及对"全人"生命智慧的思考总结出来。看到书中的具体案例，仿佛在与一个个鲜活的生命对话，在与一个个真实的灵魂对话，也在与自己的内心深度对话。这是一本关于成年人和孩子的成长发展手册，是一本通往梦想之路的实用指南，是一部值得反复研读的经典之作。

——生涯教育讲师、中国升学教育协会（CEEA）会员、"在行"行家　高　冰

如果你是一名老师，可以在本书中找到帮助孩子们提升学习动力和方法的新视角；如果你是一名家长，可以在本书中找到支持孩子和陪伴孩子实现梦想的新思路；如果你只代表了你自己，那么恭喜你，你可以通过这本书，重新发现你自己，找到你的梦想，成为你更爱的自己。很荣幸，我既是我自己，也是一名家长，同时也希望成为一名好老师。我在仔细品读此书之后，找到了我的梦想。

——生涯规划师　龙　青

孩子的成长始于教育者的成长。这本书不仅是指导教育者如何开展生涯教育，如何用生涯教育带领孩子从容走上未来之

路的教育工具之书,更是引发教育者自身对未来、梦想、教育深入思考,再次成长的智慧之书。

——安徽省濉溪中学德育处主任　李晓莉

此书为赵昂先生在生涯教育领域中的匠心之作。2015 年我因梦想课程与昂 sir 不期而遇,从此开启我一路的追随与学习,也得以一路与许多有趣的灵魂相遇。翻阅此书,深受感动,它滋养着对探索生涯教育怀抱兴趣与热情的芸芸众生。愿它如一抹光,照亮你我通往未来之路!

——上海市继光高级中学科研室主任兼极光生涯辅导中心负责人　黄玉文

有理论,有案例,有实践活动指南——这是一本让人了解生涯的书,是一本指导人们探索自我、发展自我的书,是一本鼓励人们勇敢追梦的书。同时,这也是一本为青少年生涯教育工作提供蓝本、提供落地实操指南的书。

——生涯规划师　向东华

一直期待有一本书,可以让大众更加了解梦想教育理念下的青少年生涯教育。读了《通往未来之路:培养有梦想的孩子》,让我的这个期待成为现实。在阅读的过程中,不仅感受到梦想教育带给我的力量,也让我看到了每一个人的身影。本书有系统、有方法,形象、生动地启发着我们每一位教育者更好地践行梦想教育去支持孩子们成长;同时,也告诉我们每一位家长,理解梦想教育对孩子成长的重要价值和意义!推荐本书给每一位想成为更好的自己的朋友。它值得阅读,受益匪浅。

——青少年生涯咨询师　辛　玲

序　言

以匠心致初心

从 2014 年开始，我抽出部分精力，从生涯咨询业务转向生涯教育的实践和研究，至今已经过去六个年头了。

我依然记得，六年前，在我的生涯咨询师培训课上，广东中山纪念中学的于学英老师和我交流在中学开展生涯课的情景。令我特别感动的是，一个中学老师有这么大的热情，在中小学普遍不了解生涯教育的情况下，主动自费来参加学习。后来，在于老师备课的时候，我们多次交流，给了她一些支持。也正是在一次次的电话交流中，我的脑海中浮现出一个词：梦想教育。

多年给职场人的咨询经验让我意识到，在青少年阶段进行生涯教育影响深远，越早越好。从那时起，一种责任感推动着我大胆地深入教育圈，持续进行体系完善和课程研发，并努力地传播"梦想教育"理念，不断地讲给老师们听，讲给家长们听。

在这六年时间里，我一直都在寻觅一个问题的答案——梦想教育是否具备在现实中生根发芽的土壤。我走访了很多城市，调研了很多学校，听到了很多故事，也在一遍遍地确认问题的答案。

有一次，在和上海某高中的黄老师交流的时候，我听到了这么一个故事。

班主任在一个高一学生的周记本中看到了"择日自杀"的文字，十分担心，和家长联系、谈话、看医生。经过医院检测，结论是中度抑郁。学校启动了危机干预。

作为生涯课老师，黄老师和其他老师一起参与了和孩子的沟通，了解了基本情况，看了孩子平时的作业、作文、周记，发现这个孩子非常认真、细腻，对人友善，同时，对于周围环境，又有些自己的看法。在与家长沟通的时候，发现母亲在家里比较强势，与孩子的关系有隔阂。孩子经常把自己的想法和情绪诉诸文字和绘画，孩子与同学交流的时候很有礼貌，但是也保持距离。

老师们尝试与孩子沟通，发现心理咨询并不奏效，孩子依然只是礼貌地保持距离。

新学期开始的时候，黄老师开了"私人订制课程"，这是支持孩子们实现梦想的校本课程。做课程介绍的时候,那个孩子提了全场唯一一个问题,"老师,您这个课是与梦想有关的,但是,这究竟是要学什么呢?"黄老师回答他:"这要看你是否愿意尝试了,这个课不是老师让你学什么,而是一起完成一些心愿。首先,你得问问自己,你的梦想是什么。"

这个孩子很有礼貌地表示理解了,但是并没有报名参加这个课。

有一天,这个孩子忽然找到黄老师,说:"我有一个3D的模型是否可以借您实验室的机器来打印?"然后,又补了一句,"但我不是您课程的学生。"

黄老师说:"没问题,但我想提一个小请求,是否可以把打印之后的作品放在实验室展览?"孩子很开心地答应了。后来,黄老师知道,这个孩子要打印的模型是他的一个梦想——做一个漂亮的动漫手办。从此,这个孩子提出的任何请求,黄老师都没有拒绝过。黄老师知道,保护了孩子的梦想,就在他的心里多了一束光。最开始的时候,做出来的模型,真的谈不上漂亮。

这个孩子每周都利用固定的业余时间来实验室,因为时间安排紧凑,所以专注度非常高。黄老师说,这个孩子很容易沉浸在一件事中,之前是负面的情绪,而现在转移到了自己的梦想上。

进入高二,这个孩子立刻申请加入了"私人订制课程"。这是一个生涯课,更是一个梦想课。黄老师并没有过多地去询问孩子未来的职业,问得最多的问题是"为什么要做这件事",然后给予支持和关心。倒是孩子自己很有主意:上大学,很想学习工业设计或者材料学,替补选择是计算机软件专业。在长时间的设计实践中,孩子非常清楚自己未来的发展方向。

有一次,孩子的母亲专门找到黄老师沟通孩子的情况。这位母亲说,孩子在家里有一个专门的工作台,上面摆满了自己的作品。她之前还会担心因为做3D设计而影响学习,没想到,这个孩子十分自律,学习状况也越来越好。于是,她也给了孩子更多信任,孩子慢慢地放松了下来。

一年多的时间,这个孩子的变化非常大。最开始的时候,周围同学会说他有点怪。一年后,这个孩子成为同学们的技术指导,可以解答很多问题,俨然是老师的助教,大家都很喜欢他。

高二课程结束的那个暑假,孩子在家给黄老师发了一张照片,是他自己做出来的3D打印动漫手办。其精美程度,与最初制作的版本有天壤之别,令人惊叹。这个孩子有些得意地说:"老师,您是不是以为我忘记了?我从没有忘记我为什么走进私人订制的课堂,我希望自己有始有终。"

高考结束,这个孩子发挥出了最好水平,如愿考上了上海某大学的工业设计专业。

毕业后，这个孩子去母校感谢老师，给每一位老师准备了一份礼物——康乃馨和巧克力。在黄老师那里，他停留的时间最久。除了表达感谢，他还和黄老师达成一项约定：进入大学，继续反馈自己的成长。

这是一个孩子的梦想故事，这些年来，我听到了很多这样的故事。正因为这些故事，我才一次又一次地看到了梦想的光。正因为这些故事，我才一次又一次地在内心按下确认键：我要研发出落地有效的"梦想教育"体系，帮助更多孩子能够有效地践行梦想；我要努力传播梦想教育，让更多的家长和老师一起来保护和支持孩子的梦想，让更多孩子拥有梦想，拥有对梦想的信心。

这几年时间里，我调研、研发、咨询、讲课、写作，积累了大量的案例和心得，"梦想教育"的体系也逐渐完善，这本书是对过去几年的成果总结，这本书也是致敬那些虽不言说，但实际在做着梦想教育的老师和家长们，也是致敬那些帮助、支持和鼓励过我的人。

特别要感谢河北省教育科学研究所的李丽芳老师，正是她的鼓励，让我在"梦想教育"成形的最初阶段坚定了信心。感谢上海市虹口区教育局的郑臻宇老师，他是虹口区生涯教育的先行者，也因为他在一直努力地推动"梦想教育"在虹口地区的落地践行，让我有了更多接触教育一线的机会。感谢我们团队的许庆凡老师、任国荣老师和向东华老师，以及参加过我的生涯教育课程的几百位学员，是他们的认可和努力践行，让我对梦想教育充满信心。感谢本书写作期间的几十位试读者，他们是我课程的学员，也是这本书的第一批读者，他们为这本书提供了很多有价值的建议和案例，帮助我一起几易书稿，完善了这本书。

我邀请了任国荣老师一起来写作这本书，她是大学教授，也是生涯教育的学科带头人，多年来一直在进行生涯教育的研究和传播。任老师非常认同"生涯教育就是梦想教育"的理念，在中学与大学生涯衔接、自我探索和认知等方面有独到的见解。能与任老师一起合作写书，不仅荣幸，而且非常愉快。

我想用前面故事中黄老师学生的一句话来结束这个序言，开启这本书。

这个孩子曾经写了一篇文章，送给后面选择私人订制课的学弟学妹，名字是《以匠心致初心》，文章中说：

什么是初心？在我看来，初心与梦想无异，是一切的开始。

赵 昂
2020 年 2 月

专家推荐

试读者推荐

序言　以匠心致初心

第一章

向梦而生：

让成长配得上未来

主动成长：超越焦虑 ／ 003

生涯教育：预见未来 ／ 027

梦想教育：生涯教育的灵魂 ／ 054

目　录

第二章

建构梦想：

这是你的世界

兴趣探索：拓展梦想的边界 ／ 074

能力探索：强化实现梦想的信心 ／ 092

性格探索：丰富实现梦想的方式 ／ 109

价值观探索：确定梦想的方向 ／ 119

第三章
践行梦想：在路上

规划：梦想丰盈与目标确立 / 141
管理：梦想实践的策略 / 167
提升：问题解决与状态调整 / 184
升华：梦想的意义在于实践 / 211

Contents

第四章
拓展梦想：世界无限，有迹可循

拓展梦想的四个维度：时、空、内、外 / 230
重大生涯节点：拓展梦想的重要契机 / 249
成长视角：梦想永远不会被实现 / 266

后记　薪火相传，成为孩子一生的贵人 / 279
参考文献 / 284

主动成长	生涯教育	梦想教育
超越焦虑	预见未来	生涯教育的灵魂

第一章
向梦而生：
让成长配得上未来

主动成长：超越焦虑

科学技术日新月异，信息积累越发迅速，社会变迁沧海桑田。谈到未来的时候，人们往往深陷焦虑，这样的焦虑来自世界变化对每个人自身发展的影响，也来自由此带来的对于教育的思考。

人工智能时代来了，将来的工作被机器人代替了怎么办？现在的孩子需要学点什么，才能保证在未来不失业？

年轻人层出不穷，使得不光是从事文娱体育类工作的人，就连工程师到了35岁也面临着被裁的风险，而职业生涯却有延长的趋势。那么，要让孩子发展什么能力，才能有更持久的职业生涯？

信息更新速度快，每个现代人都陷入了持续更新自己知识系统的焦虑。而这样的焦虑又直接传导到孩子身上：奥数、英语、兴趣特长班等。学点什么，才能不被别人落下？

……

之前，人们把进入职场的起跑线放在大学，这意味着，高考成绩考得好，进入名校选择了热门专业，就能有辉煌的未来。后来，人们一再地把起跑线向前推进，直到认定"父母才是孩子的起跑线"。于是，教育的焦虑和发展的焦虑，就在一代父母身上彻底地实现了"合体"。

这样的焦虑，体现在课外辅导班的快速发展上。如果留意观察，大家会发现规模稍微大一点的小区附近，都有不止一所K12（kindergarten through twelfth grade，学前教育至高中教育的缩写）培训机构，放学的时候，几乎每一所学校的门口都有培训机构在做招生宣传。这样的焦虑，体现在教育类书籍的出版上。无论是实体店，还是网店，这一类书都卖得很好，行业内人士都知道，教材教辅以及少儿类书籍是出版行业的重要阵地，其市场份额会占到出版物的半壁江山；这样的焦虑，还体现在学区房的房价上，每个城市都有学区房，父母都希望孩子上一所"好学校"。在北京，有些地方的学区房能够标价到二三十万元一平方米。

从人们平时的谈资看，从一些人的生活重心看，从有些人的事业目标看，不管你是否关注教育，都不可能忽略教育焦虑所带来的影响。人们焦虑于各种比较：考试成绩不好不行；才艺学少了也不行；孩子的同龄人都在学什么。人们焦虑于孩子的发展：哪些能力需要培养；如何应对未来变化；如何培养孩子，才能既符合个性发展，又能匹配社会要求。人们焦虑于家庭关系：如何维护健康的亲子关系；如何屏蔽祖辈的教育干扰；如何实现夫妻双方的教育观点一致；如何整合社会资源，实现家校合力。

这样的焦虑是一种社会的进步，说明人们越来越重视孩子的未来发展，并从仅仅关注孩子的未来发展，回归到关注自身的成长上来，但，同时也带来了更多的焦虑，而主动学习、不断成长是超越焦虑的不二法宝。

摆脱这些焦虑，还是要先回到源头上来。

一、生涯主题中藏着焦虑的来源

教育的焦虑是父母的，是老师的，这样的焦虑与成年人的职业世界紧密相连。站在生涯发展的视角看，分析教育焦虑问题，必然要先分析成年人自己的焦虑。就像很多教育类书籍和课程中谈到的观点一样，只有教育者的成长才能带来孩子的成长。也只有认清了成年人的焦虑，才能处理好教育的焦虑。

如果像医学透视一样深入地剖析焦虑，可以发现成年人的焦虑分为三层，从外至内，最外一层是焦虑的表现，中间一层是焦虑的原因，最内一层是焦虑的源头。

前面我们说了焦虑的表现，我们再来说说原因。总结起来有三类原因。

第一类原因，是对于不确定性的焦虑。 最近二十年的技术发展和行业更迭，让我们有点不知所措，企业寿命远远达不到我们的职业生涯长度，有些创业企业甚至只能存活一两年。未来还会有什么变化呢？我们都无法确定。不确定就不好准备，不好准备就会焦虑。这是第一类重要的原因。

第二类原因，是难以适应的无力感。 通信工具和交通工具的快速发展，让人们的各种长短期迁徙成为家常便饭。换企业、换行业、换城市、频繁出差、创业……有的时候是主动为之，有的时候是被动接受。这样的转换，一定会经历一个适应期。在过去，可能一生也就经历一两次大的调整，而现在，一生中需要多次调整适应的情况已经越来越普遍了。每一次适应，都需要重新开始、重新学习、建立圈子、调整情绪和状态，这往往让人感到无力。

第三类原因，是担心被淘汰的恐惧感。 从某种角度来看，被淘汰似乎是一种必然，因为我们终将退出主流社会，交际的圈子也会越来越小。但是现在，我们被淘汰的频率增加了，时间提前了，跟不上新技术的迭代，甚至不熟悉一个网络热词，就会感觉被淘汰了。这样的恐惧感源于比较，和同事比、和朋友比、和同龄人比，乃至和各种媒体上触手可及的同行比。比较之后的焦虑，又直接延伸作用于教育。

现在我们透视最内一层，也是最核心的一层，焦虑的源头在哪里呢？走进人生的长河，我们会发现，焦虑是成长和发展的副产品，虽然在不同时代有不同的表现，然而，这些焦虑伴随着我们的生涯主题一直存在。这些重要的生涯主题，就是焦虑的源头。总结起来，有三类主要的生涯主题。

1. 职业生涯发展与成功

说到生涯，人们一定会与职业连接在一起：职业生涯，甚至好多人会把"职业生涯"等同于"生涯"。这虽然有些偏颇，但也确实反映了人们对于职业的重视。

确实如此。一般来说，一个人从二十多岁开始拥有工作者身份，到六十岁左右退休，大概要工作三四十年。随着生活水平和医疗水平的迅速发展，六十岁已经不再是以前"老人"的概念了，六七十岁依然在持续工作的人很常见。生涯越是发展得好，职业寿命就会越长，屠呦呦、袁隆平、钟南山这些老科学家依然在从事着自己热爱的工作。世界著名男高音歌唱家帕瓦罗蒂从初出茅庐到走上神坛，直到去世的前一年，七十一岁的时候，还在演出。

工作者是人类社会中的一个重要角色，一个人可以从一份职业中获得基本的生存保障，即挣钱养家，还可以凭借做出的成绩，从一份工作中获得成就感。可以说，工作者角色在生涯中至关重要。所以，如何让职业获得发展和成功，是生涯过程中一个非常重要的主题。

以职业发展为主线，展开生涯画卷，我们可以看到一个个主题场景：一个人在青少年阶段努力学习、不断成长，为未来做准备；进入职场之后适应与调整，朝气蓬勃地发展；随着资历增加，职业能力持续提升，职业价值持续增加；随着经验的丰富和资源的积累，开始拥有更多的机会，更大程度地达到自我实现，带领团队为社会创造更大价值；随着年龄增加，慢慢退出职业圈，与人分享自己的经验与智慧。

图 1-1　生涯发展时间线

在这幅画卷中（如图 1-1 所示），发展的同时又充满着焦虑：青少年阶段有学习的焦虑，有与同伴比较的焦虑；初入职场时，有适应职场的焦虑；职业发展初期，有对于未来定位的焦虑，还有对于能力提升的焦虑，以及机会、资源积累的焦虑；职业发展中期，除了能力提升的发展焦虑之外，还有被淘汰的焦虑，如何突破人生瓶颈，实现更大自我价值的焦虑；在即将退出职业生涯的时候，还有对未来生活的焦虑，有自我意义追寻的焦虑。

可以说，正是因为一直在追求发展，所以焦虑不断产生。

而这些焦虑，又都因为出现了"父母""老师"这样的教育者角色，而传递给孩子。

有一位父亲，因为工作中的竞争压力大，经常加班，一直没有时间陪孩子出去玩。好不容易到了暑假，在孩子的一再请求下，终于挤出来时间陪孩子玩。可是在游乐场，这位父亲的眼睛却一直没有离开手机，一会儿查阅邮件，一会儿在微信群里沟通，一会儿打电话和客户交流。到了午饭时间，孩子不想走，有些哭闹。结果，孩子的哭闹和父亲的焦虑碰到了一起，父亲的情绪被点燃了，大发雷霆。

大家对这样的场景可能并不陌生，在很多场合，我们都会看到父母、老师声色俱厉地训斥孩子，除了孩子可能真的是犯了错误之外，其中，也一定有教育者自己的情绪在其中。

有一位作家，在成为母亲之前非常自信，凭借着自己的不断努力，在大城市买房买车，实现了财务自由。可是，自从有了孩子，就开始关注教育，读书、听课、参加网络社群。自从加入一些父母社群，焦虑也就来了：原来幼儿园的孩子都可以用英语实现与外教的自由交流，原来上一个顶级的国际幼儿园一年学费需要三十万，原来别人家的孩子不到六岁就能在国际大赛上获奖……这样的焦虑印证到自己的职业发展上，这位母亲变得焦虑：一定要给孩子一个更好的起点，才能让他实现阶层跨越。

大家对这样的焦虑可能也非常熟悉，为了能让孩子上一所好学校，有的父母不惜夫妻两地分居；有的父母不惜举家搬迁；有的父母不惜放弃了自己的工作，全职陪伴。

所有这些焦虑，都指向未来，指向发展。

2. 角色意识与生涯平衡

生涯一词的内涵丰富广泛，从角色的维度来看，职业生涯只是其中之一。除了工作者的角色之外，人们还拥有其他丰富的角色，并且随着时间的推移，场景的变换，这些角色在不断发生着变化。

比如，作为家人，开始的时候，人们是儿子、女儿，后来成为爸爸、妈妈、爷爷、奶奶。成人之前，是被抚养者、学习者，后来就可以独立成为工作者，也会发展更为复杂的社会关系，拥有了同学之外的角色，有同事、朋友、老乡、同行。对于每个人自身来说，有些人会把自己定义为成长者，有些人会说自己是终身学习者，还有人把自己的时间分配出来，做休闲者，有人又是某些兴趣的业余爱好者。即便是工作者本身，有人也会进行区分，如管理者、协调者、领导者、执行者等。如图 1-2 所示。

图1-2 生涯角色变化示意图

角色的划分，首先来自角色意识。我们每天要做很多事，一个职场人早晨起床后，可能要先去送孩子上学，此时就是父母的角色。然后接了个客户的电话，这时工作中的服务者角色出现。赶到公司做汇报，一起商讨方案的修改，可能是协调者和组织者。然后是部门开会，安排具体实施，此时是领导者。中午老同学出差，一起小聚，同学身份出现。下午工作一段时间，去健身房运动，可能是运动爱好者，也可能是休闲者。晚上或陪客户，或加班，或陪家人，或看场电影，或泡吧……就又会出现更多不同的角色。

然而，很多人只是被动地安排着自己要做的事情，却从来没有想过自己的角色。

有些父母每天接送孩子，辅导功课，帮孩子交学费，购买学习用品，辛辛苦苦，却从没有认真想过作为父母的角色。有人会很诧异——怎么可能？每天被孩子叫"爸爸""妈妈"，怎么能没有父母的角色意识呢？

我们来看，是否认真思考过这些问题：我要成为一个什么样的父亲（母亲）？这样的父亲（母亲）要具备什么样的能力？为此，我还要做些什么调整？这个阶段的父亲（母亲）和之前有什么不同？下个阶段会有什么改变？只有主动思考这样的问题，我们才会意识到进入了"角色"。

连特别熟悉的父母角色，我们思考得都不多，更何况其他的角色呢？我们每天读书，却不知这样学习的目的是什么。我们出去游玩，也仅仅是"到此一游"，不知道怎样才能玩得更有趣。我们和别人维护关系，可每次的约会又都非常随意。我们拥有了很多角色，每天也在做着很多不同角色的事情，却从没有想过"角色意识"。

缺乏角色意识，我们就会缺乏生涯的主动性，缺乏角色意识，我们的生活就会经常陷入被动而不知所措。

对于很多人来说，平衡是一个让人为难的话题，特别是人到中年，上有老下有小，除了处理好工作之外，还需要照顾老人，教育孩子，维护各种复杂的人际关系，还要抽时间自我充电，学习成长。总感觉时间不够用，是平衡问题带来的最直接的焦虑。

角色与平衡的问题，也出现在我们整个生涯的很多节点，对孩子也一样是挑战：如何处理好和同学、老师的关系，如何安排好每门功课的学习。而一个忙碌的人，不管是孩子，还是成年人，也都会在明确角色意识之后，分阶段地找到角色重点，将时间、精力、金钱等资源有重点地投入到不同角色中，从而实现生涯平衡，生活也将变得更加从容。

3. 愿景使命与自我实现

生涯是一个过程，这个过程因为有了主动意识，而不同于自然而然的生命发生，也不同于按部就班的生活日常。除了一般的职业发展和角色意识，有些人会经常思考一些关于"人生意义"的哲学问题。

有些问题看似如柴米油盐、无关痛痒，其实却是困扰年轻人的"重大问题"。有位物理老师分享过一个学生的问题，这个孩子问他："老师，人活着的意义是什么？"这个问题把老师也问住了，该如何回答呢？

为什么要学习？我到底要去往哪里？如何更大地实现我的价值？类似的问题在年轻学生中间并不少见。可见，关于人生意义的问题，并不是遥不可及，它与我们的生活息息相关。当然，这也是个体生涯需要面对的一个重要课题。

与哲学思考有所不同，生涯视角对于愿景和目标的研究更倾向现实层面的落实。比如从一个人过往的经历中梳理出所看重的价值观，探索出有热情的领域或者有天赋的专业，进而找到一个人的职业目标。那么，人生的意义就会在职业发展中实现。

一个人不断追寻自己的价值，就会挖掘出个人与世界的连接，寻找让自己充满动力的目标。比如从一个人的单打独斗，发展为带领团队一起前行。从满足一个人的短期目标，发展为更大的愿景。

耶鲁大学毕业的村官秦玥飞就是一个例子。秦玥飞是别人眼里的"高才生"，考入美国耶鲁大学，获得全额奖学金。大学期间，他完成了经济学和政治学两个专业的学习。在很多人看来，秦玥飞会走上一条穿西装、拿高薪的职业金领之路。然而毕业之后，秦玥飞报名村官，坐着绿皮车，扎根湖南农村，一干就是近十年。期间，多次拒绝提拔和各种回到大城市的机会。他说："我的价值在农村，这条路才刚刚开始走，还要继续。"

很多人不理解秦玥飞，其实只是用所谓的"大众价值观"来衡量一个有自己主见的追求罢了。愿景和使命，每个人都可以不同，但只有让自己充满热情的愿景，才能帮助一个人自我实现。而这样的愿景，一定是从小开始，在一个个追求梦想的过程中慢慢发现的。

意义是人们建构出来的，我们给一些目标赋予了意义，那就是梦想。当我们做了有意义的事情，就会感觉到自己的努力有价值，自己的天赋得到了发挥，也就会体验到自我实现。

意义感所创造出来的目标、梦想、愿景、使命，成年人有，孩子也有。作为父母和老师，不仅要帮助孩子树立梦想和目标，还要培养他们建构自己梦想的能力，这样的能力会伴随终身。

人生的课题有很多，而且因人而异。从生涯的视角看，职业发展与成功，角色意识与生涯平衡，愿景与自我实现，可能是每一个人都要面对的。如果可以很好地处理这些生涯主题，我们就会感到成功和幸福，但如果缺乏相应的生涯意识和生涯能力，处理不好每个阶段出现的问题，我们就会感到焦虑。而且，即便在青少年阶段，这些问题依然有所对应，非常重要。

生涯教育，不仅是让孩子注意到这些方面，还在于培养孩子的生涯意识，训练他们的生涯能力。了解了这些生涯主题，我们就会安心。教育，就是帮助孩子认识当下阶段生涯发展的任务，做好当下的事情，这样，孩子们才能赢得未来，也才能创造出更多的美好。

二、孩子成长过程中的三个挑战

具体到青少年阶段，在这个生涯时期，孩子们又会面临一些非常现实的挑战。

1. 缺乏动力

孩子缺乏学习动力，是让很多老师和父母都很头疼的问题。有些孩子成绩不好，又不爱学习。智商没问题，动力不足，对什么事都无所谓，苦口婆心说不动，打骂不起作用。父母都愁坏了，这是不是现在家庭条件好了，娇生惯养的结果呢？以前人们总是力争上游，勤勉努力，为什么现在的孩子都不爱学习了呢？是兴趣的问题吗？可是孩子似乎对什么都不感兴趣啊，任凭怎么哄，都没有动力。

这样的情况也发生在很多学习成绩好的孩子身上。他们学习成绩好，但是状态并不好。这一点，父母是最清楚的，他们知道孩子只是得过且过地应付当下，眼睛无光，说话无力，行动没神。"好歹是在学习"，这是孩子和父母及老师们之间达成的默契。一旦出现更大的危机和压力，这样勉强维持的状况难以坚持的时候，平衡被打破，就会出现大问题。比如同学之间的人际关系出现问题，考试出现闪失，成绩大幅下滑，此时，这些平时只是应付学习的孩子就会因为动力不足而放弃努力。

缺乏动力是因为缺乏远大的目标。如果去问孩子们："你们的梦想是什么？"基本上都是，我要做……职业，我要考进……大学。对于他们来说，一个梦想充其量也就是一种门槛，翻过去，梦想也就实现了。这与梦想的真实内涵大相径庭。考上某所大学是路径，做某种职业也只是一种手段和形式，然后呢？希望实现些什么？缺乏对于未来的具体期待，梦想也就只是空洞的想法，自然起不到对人的激励作用。现在的经济条件普遍有了很大改善，但这不应成为没有目标的借口。贫困的时候，人们为了生存而动力十足，那么现在呢？有了更为丰盛的物质条件，底层需求被满足了，就要追寻更高层级的需求。是时候建构梦想，树立目标了。

电影《哪吒之魔童降世》是一部深受观众喜爱的国产动画长片，其导演饺子的生涯发展，也充满了传奇。《哪吒之魔童降世》投入巨大，动用了国内动画产业近半数的力量，整个电影的视觉效果用了20个外包团队、近1600名工作人员，反复修改，才勉强赶上档期，因为经费有限，饺子一个人要承担多个角色，制作过程中都不敢生病，个中滋味一言难尽。是什么原因，让饺子能够这么勤奋，精益求精呢？

好多人不知道的是，饺子并非"科班出身"，他大学学医，大三爱上动画软件，于是决定转行。在众多反对声中，因为父母的支持，他开始了艰苦的寻梦之旅。有一段时间，都是靠着母亲每个月给的一千元退休金过日子。即便如此，他视导演李安和周星驰为自己的"精神盟友"，从不放弃梦想。在他看来，自己就是为动画而生，这是他源源不断的内在动力。正是因为持续地努力，饺子才做出了被誉为"华人最牛原创动画短片"的《打，打个大西瓜》，以及十年之后的《哪吒之魔童降世》。

幸运绝非偶然，正是梦想的强大动力，支撑着饺子持续努力，树立一个又一个目标：从"学习动画"，到制作出"华人最牛原创动画短片"，再到"国漫崛起"。

动力，因远大的目标而生。

2. 缺乏自信

比缺乏动力更让人痛心的，是有些孩子缺乏自信。或许是从小受家庭教育的影响，也可能是某件事的触发，也或许是自己的独特性没有被父母与老师看到，也或许是环境封闭的影响，甚至有可能有天生的因素存在。有些孩子对自己没有信心，也就是自我效能低，他们总觉得自己什么都不行，即便获得了成绩，也不会内在归因。有些人会以为这是谦虚，其实，谦虚和缺乏自信的区别在于：如果是谦虚，会看到更大的发展空间，从而继续努力；而如果是缺乏自信，会因此束缚了自己，不敢继续行动。

对于缺乏自信的人来说，不仅仅是对自己的评价低，本质上是对美好事物的不相信，不认为自己可以做到，也不认为未来的期待可以实现，其实也就是对梦想没有信心。相信梦想，是一种重要的品质。虽然现在总能听到大家谈"梦想"，然而，又有多少人真正相信梦想呢？很多人会认为梦想等同于空想、幻想，于是就羞于谈梦想，会把梦想和不靠谱挂钩，认为那是随便说说的对欲望的表达。比如有人说，我有个梦想，买一个小岛做岛主。你再问他，为此做了什么？还要做什么？如果想都没想，那就只是一时的热情和幻想而已。

如果一个人拥有对于梦想的正解，就会把每一个特别期待的事情当作梦想，会知道梦想无关大小，无关远近，哪怕小到去广场上跳一支舞，近到今天可以自主地完成一篇作文，这都是梦想。神奇的是，当一个人用这种怀着梦想的状态开始生活的时候，就会信心满满。他们会在自己的生活里创造梦想，实践梦想，有时候还会实现梦想。对他们来说，实践梦想的过程，就是在为自己活，为自己的使命活。一个个小梦想实现了，信心也就来了，因为相信梦想，所以自信。

《别与自己擦肩而过》就是一本由一个最初完全没有自信的人所写的书。作者保罗·波茨在这本书里写的是自己的故事，他是一个在别人眼里再平凡不过的人，一口烂牙、身材矮胖、个性木讷，36岁的时候还在做着枯燥的手机推销工作。他也曾身患肿瘤，锁骨骨折，长期卧床不起。然而，幸运的是，他是一个有梦想的人。保罗16岁爱上歌剧，梦想是走向梦寐以求的舞台，自费学习，负债累累。

在梦想的激励下，保罗克服了重重困难和自己的怯懦，最终走上了选秀舞台并一鸣惊人，获得了全场喝彩。保罗的结局令人羡慕：成为选秀节目《英国达人秀》的首届冠军，获得了10万英镑的奖金，获得了为女王献唱的资格，开启全球选秀的疯狂热潮，成为草根逆袭的标志。

这个励志故事最值得关注的地方，其实是一个重要细节：为什么一个如此没有自信的人，敢报名参加选秀，其实，在报名的过程中，保罗也是一直在纠结。但是不断犹豫的同时也在不断激励自己，最终，选择了尝试。这么一个缺乏自信的人，因为对舞台心怀梦想，于是选择了勇敢。对梦想的信心，让他在持续努力和探索自己的过程中充满自信。

自信，源于对梦想的信心。

3. 缺乏方法

还有一类孩子，学习非常努力，因为他们有自己的梦想，不管是考上某所大学，还是实现自己的逆袭，不管这些梦想是否需要继续调整，至少，他们非常有动力，也十分勤奋。然而，他们总会付出比一般孩子更多的努力，却得不到应有的回报，时间久了，他们的自我效能也会因此而降低。

有些老师看得很明白：他们缺乏学习方法。但是，如果等着老师一个一个去指导，那会出现一种新的被动：这个孩子指导了，那个孩子没注意到怎么办？这一科指导了，另外一科怎么办？这学期指导了，下学期换老师了怎么办？这不仅是方法问题，还有一个主动性的问题。主动寻找方法，主动连接资源，主动调整自己。而所有这些主动，都是在实践梦想的过程中，需要注意着重提升的能力。

梦想能唤醒一个人的动力系统，同样，在实践梦想的过程中，会有一些不变的规律：任何一个梦想的实现，都需要探索具体的方法，比如，向前辈请教，收集信息，比如，连接资源，找到方法，再比如，利用支持系统，彼此进行鼓励和监督。这些都是梦想实践过程中的通用策略和思路。从这个视角来看，一个拥有梦想的孩子，一个有实践梦想经验的孩子，一定会自己主动寻求方法，持续调整，在一个具体的梦想中提升自己实践梦想的能力。

有这么一个故事，在英国，有一所名为"国王之土"的学校，名字高贵响亮，却是一所处于经济贫困地区的弱势学校。学校资源少，没钱建教室。但是，在学生的讨论中，却出现了一个神奇的想法：要一架飞机做教室。这个天马行空的想法，却变得越来越真实。成为定案之后，同学们分工合作：高年级的同学负责向政府申请，中年级的同学负责买飞机，低年级的同学找设计师来进行设计。最终，这个想法实现了。教室建成，取名为"国王的翅膀"，供全校学生来上地理课。从那以后，地理课成了最受欢迎的课程。

一件成年人不敢想的事情，一群孩子却做到了。这不仅是源于一个看似荒诞的想法，更重要的是为梦想所做的努力。当我们拒绝梦想的时候，我们是在封印自己的天赋。只有当我们相信梦想，才会提升能力，才会创造方法，也才能打开自己。有很多人抱怨自己能力不足、天赋不够，其实，又有谁是天生的成功者呢？唯有那些心怀梦想的人，在持续践行的过程中，主动寻求资源，主动提升自己，在克服了一个个困难后，能力自然就提升了。

茱莉亚·罗伯茨说："人有两种，一种是有翅膀的，一种是没有翅膀的。"梦想，不是目的地，是每个人的那双翅膀。

能力，因实践梦想而产生。

三、生涯教育是照亮未来的一盏灯

1. 生涯教育与未来的发展密切相关

孩子在成长过程中遇到的种种场景、生涯挑战，以及训练和提升自己的机会，与成年之后进入职场持续发展遇到的问题，有直接的联系。

如果在教育中树立孩子的生涯意识，早早地了解了不同生涯阶段的发展状况和策略，孩子就像是拿到了一张人生的地图，伴随着成长，把握规划的主动性。一个人在进入职场，甚至是进入大学之前，越早了解未来的发展情况，就可以越早有意识地开始各种准备。这样的准备，不是早早地练习各种职业能力，而是一种生涯意识的准备。

一个有生涯意识的孩子，会主动寻找自己感兴趣的事物，会主动进行信息收集，会连接榜样人物，会早早地开始主动学习。进入大学之后，又会主动拓展视野，进行相关实践。进入职场之后，就会主动争取机会，主动创造挑战，主动适应环境……以上这些需要在生涯教育中，让孩子们知道未来的生涯发展是什么样子的，让孩子们进行有意识的准备，而且，不只是一次"教育"而已，要在不同阶段，以多种方式让孩子对未来的生涯阶段有认知。

对于孩子来说，开阔视野和格局，不只是看到大千世界的缤纷多彩，还要建立自己的系统。这里有知识系统，也有认知系统。对于职业发展的认知，是认知系统中重要的部分，会潜移默化地改变一个人的学习态度，树立关于未来的目标，甚至改变将来做事的方式。

2. 生涯教育帮助受教育者丰富生涯视角

生涯教育并不复杂，如果用一句话来说，生涯教育就是以生涯视角开展教育工作。那么，什么是生涯视角呢？我们前面谈到了三类重要的生涯主题：职业生涯发展与成功，角色意识与生涯平衡，愿景使命与自我实现。当我们运用生涯的观点来看待这些问题，并在其中寻求解决方法的时候，使用的就是生涯视角。

生涯本是一个有主动意识的生命过程，不同的年代，不同的文化背景，不同的地域特征，对生涯有不同的理解。**生涯视角就是基于对生涯理解基础之上的智慧表达**。所以，生涯视角其实是我们对人生中出现的种种重大生涯问题的看法和解决思路，甚至对于这些问题的分类，本身也是在运用生涯视角。

现实中，我们周围有很多方便易得的资源，互联网的广泛普及缩短了空间的距离，AI、AR等新技术的使用让资源的获得变得更加便利，比如，我们可以通过大量的出版物、网络课程、视频资料、社交平台获取资源。但是，职业获得持续发展这件事却不是通过简单的信息收集和技能学习就可以获得的。拥有了职业价值交换的生涯视角，一个人就会审视自己的价值与职位的匹配。拥有了生涯发展阶段的生涯视角，一个人就会合理规划如何为下一步的前进做必要的准备。

可以说，生涯教育就是帮助孩子丰富看待现实中各类问题的视角，进而可以在处理具体问题的时候游刃有余、坦然处之。

一个小学四年级的女孩子因为学习压力增大，开始有了畏难情绪，不愿考试，变得很焦虑。这样的焦虑也影响了父母，有一次晚上11点了，孩子作业还没有做完。妈妈索性带着女儿出去散步，讲故事，聊生活。孩子忽然问妈妈："你认为女儿是合格的女儿吗？你认为我除了是女儿，还是什么呢？"

轮到这个妈妈困惑了："是啊，除了是女儿，还是做不完作业的学生，还有吗？"这个妈妈很智慧，她问女儿："你认为，除了是女儿，是学生，你还可以是什么呢？"

孩子回答："我还希望自己是个海豚，我可以救人。我还希望自己是达·芬奇，我想和他一样，拥有坚持不懈的品质，我想和他画得一样好，去追求那样美的艺术气质。"

孩子的回答震惊了妈妈，从孩子嘴里冒出这些想法的时候，作为父母，你会怎么看，怎么做？你是会觉得挺好，敷衍地夸奖一下？还是会觉得她在胡思乱想，要想办法引导她好好学习？

其实，孩子提出这样的问题和做出这样的回答，说明孩子对自己有所期待，在建构一个理想的自己。作为父母，不仅要保护，而且要引导孩子深入思考，把理想中的自己和现实做连接。可以用以下问题引导孩子思考。

想做海豚，是想成为一个助人者。那么，助人者都会做些什么？

助人者需要具备哪些助人的能力呢？

你想在哪些地方和海豚具备一样的特点呢？

你希望自己是达·芬奇，是想成为一个艺术家。那么，你想拥有达·芬奇的什么特质？

如何才能练出这样的特质呢？

带着这些特质，你会和现在有什么不同？

如果你既是妈妈的女儿，又是一个学生，还是海豚和达·芬奇，你会怎么做？

这些问题慢慢问，认真听，就是在做生涯教育。

生涯教育：预见未来

教育是面向未来的，生涯教育可以为孩子的未来提供必要的装备。

一、未来世界的三大要求

时代变化日新月异，人们总是会质疑：既然未来世界和现在截然不同，那么，我们现在为什么还要学习？学到的知识不会陈旧吗？会不会落伍呢？现在的孩子，将来又该如何适应新的世界？甚至有人的论调更为悲观：未来根本无法准备。

有句话叫"授之以鱼不如授之以渔"，教育要做的事情，不是简单地传递知识，更重要的是培养意识，培养应对未来变化的能力和素养。未来和现在一定保持着某种连续性，不管是认知、环境、人文，还是技术、趋势、潮流，其内在都有着或多或少的种种延续。同时，对于一些难以预测的不连续，我们更需要提升内在素养，去应变，去适应，去主动创造。这也是我们从不同视角看未来的价值和意义。

那么，从生涯的视角看，我们的教育又该为未来做些什么准备呢？我们要看到以下三个时代发展趋势对人的要求，如图1-3所示。

图1-3 未来世界对人的要求

1. 自由呼唤合作者

这里的自由，指的是自由的职业关系。在20世纪，职业关系是固化的，一份职业做一辈子，人们终其一生都在一个圈子里。有些企业像是一个小社会，吃、穿、用、住、上学、娱乐,都在一个企业里满足了。那时的人们很难想象如果脱离了固化的职业环境,还可以做点什么。工作是被组织安排好的,个人可选择空间非常有限。

随着经济开放,人口的流动性越来越强,人们的职业关系出现了松动,慢慢出现了求职者与用人单位之间的双向选择。但此时,因为户口和档案的限制,人们在有些领域、有些单位之间进行转换的空间还是有限。

到了近十年,户口和档案已经不能制约人们进行职业转换了。人们在职场上来去自由,可以任意跳槽、转行。于是,出现了更多的自由职业者,也出现了更多灵活的职业,去填补社会中出现的新鲜需求。

虽然自由职业者越来越多,但是从个人所能发挥价值的有限空间来看,可以预见,自由职业者会保持一定的比例。比如,发达国家发展了好多年,自由职业者的比例也保持在不到20%的水平。

个人发挥价值的空间有限,就需要借助团队的力量。慢慢地,团队就会发展成为公司。经营好的小公司就会逐渐做大。比如大家都很熟悉的一些自媒体,从最初的一个人写公众号文章,到后来,发展得好的建立了自己的团队,成立了公司,甚至引入了投资,还有的已经上市。

未来的自由绝不仅仅指的是职场中人身转换的自由,而是

职场关系的自由。自由职业者在职业人群中会保持一定的比例，这是职业的本质所决定的。但与此同时，另外一个职场特征不容忽视：职业关系越来越自由。这体现在，人们越来越为自己工作，看重自己工作的愉悦度，自己的价值实现，自己的人生目标，自己对于人生的整体设计。与此同时，企业也不再是老板一个人的企业，而成为更多人的组织，每个人都有自己的诉求，也都带着自己的资源进来。只是，诉求不同，资源不同罢了。

投资人投入金钱、资源和机会。老板可能是投资人，也可能投入了自己的产品系统、管理，承担风险。每个员工也都投入了自己的能力和时间。每个人都是这个组织的投入者，同时，每个人根据自己的投入多少，又有不同的期待。投资者希望获得更大的资金回报，老板希望实现自己的创业梦想，员工希望实现自己持续增值。投入与期待，决定着新的职业关系。这个组织平台上的每个人都是重要的，也都是自由的。

这是未来职业世界的发展方向，而且未来已来，有些企业特别关注员工自身的职业生涯发展，原因也在于此。在这样自由的职业关系中，有两个特征特别明显：一是每个人都更需要为自己负责，因为每个人都更自由了，他人为你负责的机会更少了；另一个特征，就是人们需要更为密切的合作，因为个人价值有限，因为人们更为自由，所以，唯有合作，才能创造更大的价值。

自由呼唤合作者，我们的教育需要从小培养孩子的合作精神。首先，合作精神是一种意识，不是竞争的，而是生态的、整体的、命运共同体的思维模式。其次，合作精神需要更多的认知，对自己的认知，对他人的工作方式与特征的认知，以及对于合作项目本身拓展可能性的认知。最后，合作需要具备相应的能力，比如谈判、沟通、组织、协调、执行等。

合作，是教育者面向未来需要考虑的重要维度。在一些教学活动中，有些老师会有意识地引入一些团队协作类的活动，甚至加强不同年级之间的交流，比如以小组为单位完成某项任务，学长带学弟学妹熟悉学校环境等。这样的活动让孩子早早开始意识到合作的重要性，也就会自然而然地关注这方面能力的提升，对于未来的发展，大有裨益。

2. 独特属于创造者

人们的独特性已经成为未来发展的必要特征。人工智能在 20 世纪还只是停留在科学家的书本上、计算机里、实验室里，但是近些年来，各种人工智能的应用已经渗透进了各个领域。移动互联网、5G、大数据、区块链等持续迭代的新技术层出不穷。看到这样的变化，很多人会有焦虑感，还有很多人会感觉到渐渐地置身事外。一切都那么容易，并不需要了解什么是人工智能，就可以享有机器人服务，不需要了解什么是爬虫算法，就会被大数据网罗进来。那么，人的价值在哪里？人的生存空间有多大？

很多人越来越担心一个问题：人类会不会被机器人替代？确实，机器人的计算速度更快，适应的环境更广泛，可以持续工作的时间更长。而且，随着根本算法的不断迭代，现在的计算机学习能力越来越强。机器人可以下象棋，可以下围棋，可以完成机械操作，还可以做服务员，人们已经越来越难以分辨是在和人沟通，还是在和机器人沟通了。

未来技术能否替代人，这本身就是一个很大的话题，至少，我们知道的是新技术的发展逼得人们需要持续迭代，持续进化，持续表现出自己的独特性。否则，不被机器人淘汰，也会被这个时代淘汰。这一点，毋庸置疑。

人类持续进化的一个重要方向，就是创造力所表现出来的独特性。 简单的、重复的工作，人们不爱做，将来也不需要人做，自然会有机器代劳。工作中需要更多的创意，更多的独特性，更多的发明创造，更多的独立思考。这是大势所趋，也是社会发展的要求，人类持续进化的要求。

那么，让我们反思，那种反复背诵，整天刷题，成为考试机器的教育，是不是面向未来的教育呢？诚然，孩子需要通过记忆掌握知识，需要通过练习掌握技能，但不应偏颇的是，要保护好孩子的想象力，引导好他们的创造性，因为这或许就是未来区分生存能力的核心要素。

具备独特性的创意创造不单纯是奇思妙想，或漫无边际的想象，而是基于现实的多种可能性，是一种对于未知的好奇和对于尝试的开放。我们见过很多人，特别执着于确定性，执着于标准答案。他们总会问："什么是最适合的？"然后就迷失在没有标准答案的真实生活中。他们总希望别人教给他一些方法，然后就在开放性的竞争中束手无措。他们总想探究出生涯的规则，然后发现每个人都有自己的方式。

在纪录片《他乡的童年》中，有一集讲到以色列的一位教育家创造了一个好玩的游戏，就是随意在桌子上找到各种物品，排出任意的顺序，让孩子们说出两种物品之间的联系。他说，这是一种训练思维的方式，可以让人们在不同事物之间建立联系，也可以在不同选择之间建立联系，没有正确答案，这是培养创造力的前提。

每个人最初都有丰富的想象力，也有很强的创造性，教育要做的事情，就是保护好这样的想象力和创造性，引导其进入可以在现实中发挥价值的轨道。未来的独特，一定是属于创造者的。

3. 变化要求学习者

有句古话说"人过三十不学艺"。这是说人过了三十岁,再学艺就难了。可是,从学校毕业出来,走进职场,人们发现新的学习历程才刚刚开始。随着技术的飞速发展,人们可以广泛而方便地共享信息,知识的迭代更新速度和传播速度都在迅速增长,人们如何能不学习呢?

不仅过了三十岁要学习,终身都要学习。仅以被动学习为例,职业的发展需要学习,个人的成长需要学习,转换职业需要学习。而且,在一个普遍焦虑的时代,不学习,似乎就很难跟上时代的步伐,于是就会有人教别人如何做到一年读五十本书,如何提升知识管理能力,这又是新的学习。

不夸张地说,如果一个人疏于学习,就是在和这个社会逐渐背离。比如,微信的出现,最初只是年轻人自己玩一玩的即时通信工具,没想到,几个月、几年之后,连大爷大妈也都在聊微信。那么,不会用微信的人就被隔离到了圈子外边。比如,移动支付,最初人们还很担心交易的安全性,不看到现金总觉得不安全,害怕一旦绑定银行卡,自己的钱就会不受控制地流入他人腰包。可是几年之后呢,在菜市场买菜,人们都是直接扫描二维码进行支付。那么,不会用移动支付的人,就被方便的交易方式隔离到了圈子外边。

这样的隔离每天都在发生，在各个领域之间，在迅速迭代之间。比如，生涯教育，在国内的全面开展也就是近二十年的事情，推进到基础教育阶段，也就是近几年的事情。然而，我们都知道，每个人都或多或少地具备生涯的意识和理念，和生涯教育一经连接，就会迅速整合，发挥作用。不管是家庭还是学校，受过生涯教育的孩子的视野和格局也会更加完善和从容。

有人说，这个时代很浮躁，一年半载不去关注新闻，或许也没有什么大不了的，生活还会继续。确实，根本性的哲学问题可能千年不变，然而，在悄无声息中，一个人的思维模式正发生着变化，意识转化在持续积累。关注浮躁的信息不能让一个人有什么成长，而持续观察、思考、实践，却是每一个成长者、学习者要做的事情。

迅速变化的社会要求学习者随之成长，慢慢地，人们就不会再提"终身学习"了，因为这是每个人的必备技能和日常功课。但是，未来的学习不再是正襟危坐地学习书本，输入知识，然后经历考试，拿到证书，来证明自己学业有成。未来的学习无处不在。一个新的工作项目，可能从来没有人做过，没有现成的经验，需要一边摸索，一边总结，这也是学习。一个跨领域的课题，可能没人这样整合过，需要涉猎多领域的知识和信息，切换多角度进行全面梳理，这也是学习。甚至，都不会有那么大的挑战性，就只是生活中的日常改变和调整，每天学习，每天改变，才能跟上发展，获得成功。

所以，从生涯发展的视角看，我们要培养的学习者是面向未来的学习者。不仅仅可以背课文、刷题库，还要善于在陌生领域探索，善于连接各个领域的信息，善于在大脑里创造新的回路，善于调整自己的状态，善于在实践中学，善于在变化中学。这需要主动，需要灵活，更需要时刻保持觉察。

学习、创造、合作，可以说是未来的要求，但实际上，这些都是对那些希望在平凡生活中活出自己精彩的人们的要求。

二、生涯教育的着力点

2000年前后，大学毕业生不再包分配，开始自主择业，生涯教育进入大众视野。先是在大学里有了就业指导，慢慢有了"职业生涯规划"的概念，同时，国内的专家学者以及教育培训机构从国外引进了各种关于生涯规划的理论、书籍和培训课程。一时间，选修课、必修课、咨询、讲座，普及生涯规划之势，轰轰烈烈。

然而，以我们在大学授课的经验来看，生涯教育的状况和效果在每个学校都不一样，不同年龄学生的接受度也不同。让老师们无奈的是，有些学生并不"买账"，对生涯课不以为然，对学校的资源也置若罔闻，不到马上要找工作的毕业季，好像

"生涯规划"和自己并没有什么关系。

这样的现象并非个案，出现的原因，除了西方生涯理论脱离中国实际，授课形式不灵活之外，更重要的原因在于，学生们普遍缺乏生涯意识，课堂上的知识无法直接唤起学生的注意。学生到了职场之后，当接触到了真正的职业场景，需要工作赚钱、经济独立，需要与人协作、完成项目，需要追寻价值、自我实现的时候，这些曾经对"生涯规划"不以为然的年轻人，开始迷茫、焦虑，不知所措。

很多生涯规划师都有这样的共识：生涯教育，越早越好。早早地开始建立生涯意识，从基础教育到高等教育的过程中，所经历的每一件事都可以成为帮助一个人成长的契机。在成长中历练，提升面对各种困难的能力，帮助一个人在进入社会之前完成"社会化"。在成长中历练，在种种选择、纠结中认识自己，帮助一个人清晰和坚定对自己的认识，完成"独立化"。这才是生涯教育的应有之义。

生涯教育在基础教育阶段受到广泛重视是在2014年，高考改革在上海、浙江进行试点之后。高考改革中有一个重要的举措，就是要提前选择高考的具体科目，除了语文、数学、外语，选择什么专业，就需要参加对应科目的考试。这一举措，把人们的目光从冲刺高考拉远了一些——看到专业，看到未来的职业，才能选好科目。自此，生涯教育在中学，乃至一些教育发达地区的小学广泛地开展了起来。

生涯教育不只是学校的事情，需要学校、家庭、政府主管部门等，社会中的各方力量一起努力。那么，生涯教育到底是在做什么？可以说，生涯教育是从生涯视角关注孩子的成长，让成长的过程面向未来，让孩子在成长的过程中提升生涯意识与能力，为未来做好准备。

生涯教育有以下几个着力点。

1. 开启自我探索

生涯教育在这个着力点上，关键是要帮助孩子认识到自己的独特性。

可以帮助孩子去发现：在和同伴的交往中，我和别人有什么不一样？我的特点是什么？与此同时，也要关注别人，别人的特征是什么？在比较中建立起自我的意识，这样的意识有助于今后的自我探索。

唤醒独特性，这一点在黄卓鹏身上体现得淋漓尽致。

2019年4月，在央视《越战越勇》节目中，广西歌手黄卓鹏获得银奖。

这是一位特殊的歌手，小时候因为生病，不幸留下了脑瘫后遗症，他的智力永远地停留在了童年。

有一天，当上课铃响的时候，英语老师看见黄卓鹏随着上课铃声在打节拍，便对他说："你的乐感很不错啊。"黄卓鹏很高兴，回家告诉了妈妈。这是他第一次得到老师的表扬。从此以后，他对音乐愈发感兴趣了。

有一次老师让同学们背诵课文，发现他在背诵的时候加入了音乐节拍。那时，有很多同学没有背下来。于是老师让他在同学们面前背诵，还把他带到隔壁班去背诵。黄卓鹏的信心也在慢慢增加。

因为老师发现了他的独特性，得到了肯定和鼓励的黄卓鹏，人生从此变得不同。

全世界有七十多亿人，每个人都有自己的独特性。生涯意识的启蒙，首先在于意识到自己的与众不同。这里的与众不同，可能是很容易识别的卓越优势，但更有可能只是一个人的微小特征。不管怎样，那些标志着与别人不一样的独特性，每一个都值得珍视。这些独特性里蕴藏着未来的方向，也蕴藏着使命与愿景。发现这些独特性，是一个人主动掌控人生的开始。

纪录片《零零后》里面讲到一个两岁多的孩子，他总会把幼儿园小朋友的鞋子扔进垃圾桶。老师们找好久找不到鞋子，直到有一次，在这个孩子扔篮球的时候，老师们才发现了这个"秘密"。然而，老师并不认为这是恶作剧，而是把它视为孩子的"独特性"。孩子认为把东西扔进垃圾桶就消失了,这是一件好玩的事,在老师们看来,这个孩子是在进行外部世界的探索。

这样的独特性被老师和父母保护着。后来有一次,老师允许他专门在其他小朋友吃饭的时候先去搞乱玩具,再收拾起来。在家里,保障安全的情况下,妈妈允许他"玩火"。这样的探索也培养了他对自然世界的兴趣,这个孩子的梦想是成为一名科学家。现在十几岁的他在参加各类科技比赛,并以比赛的特长参加初中的入学考试。

因为年龄尚小,这个孩子将来做什么职业尚未可知。但是,可以肯定的是,因为独特性的保护,这个孩子会在热爱的领域里有更多的发现。

每个人都是有独特性的,而独特性是基于对自己认知的基础之上的,如何发现自己的独特性呢?

独特性蕴藏在每个人的身体里,借由经历和体验去发现。每个人生来都是独一无二的存在,每个人都是遗传和环境相互作用的产物。我们历代祖先通过生理遗传和行为方式,在代际中传递和积累先人的信息,在变动不居的生活环境和社会竞争中,最大限度地传递和保存种群和个体优势。一般来说,我们每一个人都是无情的自然淘汰和苛严的社会选择之后的幸运儿。我们秉承了父母的生理和心理特征以及基本素质,在应对生存环境的变化和社会竞争的挑战中，形成了自己的独特性。

独特性蕴藏在过去的经历之中，借由回顾和反思去发现。我们之所以独特，不仅仅是因为个体的独特，还包括周围环境所起的作用，国家、城市、家族、邻里，以及所经历的体验，或失败，或挫折，或成功，或开心。因此，认识自我需要从过往的经历中去察觉、发现、评估，形成对自己的认知。

生涯教育在开启自我探索的同时，一定要注意保持开放，不贴标签。

现在市面上有很多的测评量表，甚至是皮纹、脑电波的"生理性"测试，以此来确定人的性格类型、擅长天赋之类的特征。对于这些测评，很多人趋之若鹜，这源于人们对于确定性结果的执着。这里面有一个假设：人的类型是确定的，可以通过某种精准的测试确定，并且寻找到"最适合"的发展方向。然而，我们更愿意接受的假设是**每个人都有无限可能，我们愿意进行更多的探索和尝试。**即便做不到最好，也没有关系，因为人生不只是一场竞争，每个人也不是生产线上的一件产品。

不管是基于更为开放的生涯理念，还是期待尽快确定，从生涯教育的视角来看，在基础教育阶段，都不宜早早给孩子贴上标签。我们经常见到有些老师讲完生涯课后，孩子们自己就开始贴标签了：我是 I 类型的（霍兰德理论的一种兴趣类型），我只能做科学家。我是 A 类型的，所以理工科就学不进去。如果生涯教育产生的都是让孩子对自我认知固化的想法，从而失去了继续努力和探索的动力，那么，这样的教育就是害人的。

孩子处于成长期，教育者要保持开放的心态，在过去的经历中，孩子表现出了一些特质，那么，教育者要创造机会，让他们探索是否还具备其他特征的潜质，针对已经体现出来的特质，引导他们更加全面地去看待。

教育者保持这样的开放，就会引领孩子进行持续的自我探索。开始，是模糊的意识，后来，是针对不同维度进行的刻意探索。这样的探索，一方面孩子们会关注自己的倾向性，同时也会关注其他倾向和自己的关系。同时，会从一个维度延伸到其他维度，再然后进行各个维度的整合，回到人本身。

更重要的是，生涯教育要教会孩子保持持续探索的意识。孩子们会有意识地在实践中和生活中进行自我反思，进而回到对自己的判断：我的优势是什么？我的特征有哪些？这些特征对我的影响是什么？我需要做调整吗？我希望自己是怎样的？我如何发展自己？自我探索是终其一生的事情，不该早早确定，也不应让标签局限自己，而是要带着生涯的维度，在生活中进行探索，在探索中不断发展。

生涯教育也为自我探索提供了更多的方法，在生活中处处都可以开启。

比如我们可以和孩子做一个"生涯线"的小练习。画一条直线,代表自己的生命历程。左侧起点代表生命的开始,右侧终点代表预期寿命。在此线段上找到自己现在年龄的位置,做上标记。回忆你过去的人生经历,根据时间节点在这条线上画上自己的重要时刻:可以是"成就事件",可以是遇到的挫折和失败,还可以是"高光时刻"。可以涂上不同颜色,也可以给每件事起一个名字。

一边画,一边思考:整体来看这条生涯线,你有什么发现?从每一件事中,你会有什么启发?可以从这条生涯线来总结出自己的特征关键词是什么?

通过这样的梳理,或许会发现:在那些有成就感的事情中,是因为具备的一些优势,所以才能做成了一些事,或者突破一些困难、障碍,或者比别人做得好;而那些感觉遗憾的事情中,或许也正是曾经的成长点。

通过这样的梳理,或许会发现:在那些有成就感的事情中,是因为在意一些价值,所以特别投入;而在那些感觉遗憾的事情中,是因为一些价值不能得到,而失落或后悔。

通过这样的梳理,或许会发现:对一些事情的热情,会让人持续探索与努力,虽然会不断失败,但也不放弃。有些已经成为成就事件,有些虽然一直遗憾,却还在努力。

通过这样的梳理,或许会发现一些负面的情绪,比如后悔、遗憾、悲伤、自卑。但也会因此而发现，正是这些事情触碰到自己的底线，才找到自己最珍视的价值，拓展了自己的成长空间，学会了拒绝一些事情。

所有这些，都是你的收获，也都是你的特征。这些，都可以在回顾中看到。

作为教育者，父母甚至可以在聊天中和孩子一起探索独特性。比如，和孩子聊这样一个话题：如果变成一种动物，你是什么？为什么？如果变成一种植物，你是什么？为什么？如果你是童话中的一个人物，你是谁呢？为什么？

这个有趣的练习，在于后面的"为什么"，父母和老师千万不要急于猜测孩子的答案。有时候，孩子的回答出乎意料。

这些体验和活动，都可以帮助孩子意识到自己是独特的。

父母和老师有了生涯的视角，就不会简单地以单一标准来评判孩子的未来，而会以更加开放的心态去接纳孩子的独特性，发现孩子更多的可能性。这样的开放，是在帮助孩子唤醒自我认知，开启自我探索，是重要的生涯启蒙。

2. 树立生涯意识

生涯意识，是对生涯的看法、观点和视角的集合，需要在生活的点滴细节中慢慢培养，逐步发展。生涯教育在树立生涯意识的着力点上，重点培养五种意识。

(1) 珍视独特性的意识

关于独特性,在前文自我探索中已经描述过了。作为教育者,要帮助每一个孩子发现并珍惜自己的独特性。比如我们发现,小刚特别善于讲故事,小明特别善于把一些知识点的逻辑梳理明白,小欣特别善于组织同学一起学习,这背后反映了他们的什么特征呢?这就是生涯的个体独特性。

帮助孩子发现独特性的目的,是为了更好地发展独特性,进而发展成独特的优势。有了对独特性的认识,才会在选科、填报志愿等生涯决策和职业选择中基于孩子的特点进行指导,而不是父母认为孩子应该怎样,老师觉得什么是好的选择。

作为父母,有了个体独特性的意识,也会接纳孩子的不同,相信自己的孩子是独特的、唯一的。当你带着充满爱意的眼睛去发现孩子的优点,那么出现在你眼中的便是孩子满身的闪光点,当你强化这些优点时,它就会成为现实。当孩子感觉到被接纳和被了解,让他在稳定、正向的情绪下生活时,学习效果才会更好。当家庭给孩子足够的接纳机会,让他获得充足的安全感和自信心时,他自然也可以在家以外的环境中健康成长。

(2) 生涯发展和成长的意识

好多孩子都有过这样的表达:我将来想当科学家,我想当军人,我想当美食家……孩子这样的表达是对未来发展的关注，加以引导，会建立与未来的连接，逐渐树立生涯发展和成长的意识。

成长意识是基于生涯发展阶段而言的。根据生涯发展理论，人生是分阶段的，每个阶段有不同的任务和角色，个体在特定的年龄和生涯发展阶段需要完成特定的任务，称之为在此阶段的成熟。任务完成得越好，生涯成熟度越高。

每一阶段的任务完成得如何，将直接影响下一阶段能否顺利地发展。如果没有完成，下一阶段需要继续"补课"。时间拖得越久，后续"补课的成本"越高。就像有人调侃的那样，"二十岁的贪玩，造就了三十岁的无奈；三十岁的无奈，导致了四十岁的无力；四十岁的无力，奠定了五十岁的失败；五十岁的失败，酿造了一辈子的碌碌无为"。这也是在告诫我们，要树立终身的发展观，把每一个"当下"做好。

教育者要帮助孩子建立起成长的意识，有三个方面原因：第一，在青少年阶段，成长是一个重要的主题，这是为未来所做的准备。第二，成长不仅仅指的是学习考试，也不只是身体的成长，待人接物，独立意识等，都是成长的内容。第三，成长是终身的事情，建立"终身成长"的意识，不要以某个节点作为结束。

(3) 角色和责任的意识

家里的小主人，爸爸妈妈的孩子，同学的好朋友，学校的乖孩子……这些是孩子不自觉就会被赋予的角色，那么别人对这些角色的期待是什么，自己又是如何看待的，这样的思考本身就是生涯意识。

在生活这个大舞台上，每一个人都在扮演着不同的角色，每一个角色都有着特定的人生内容和发展任务，有着自己、家庭、社会所赋予的使命。随着生涯的展开，从孩子到学生，从家庭到学校，将来进入职场，迈向社会，再到成家立业，角色逐渐丰富，也在不断地调整，每个人进入角色的同时，也是在进入一种"社会化"的过程。

我们每个人都处于不同的社会关系中，工作、学习、家庭、社会，无不处于关系之中。在不同的关系中就有不同的角色，每种角色都有对应的"角色脚本"，有不同的义务和责任，有不同的能力要求。你是否有意识地关注过你当下都有哪些角色？每个角色做得如何？这就是角色的责任意识。有些人被推上了新角色，但缺乏角色的意识，只是被动地承担角色。只有主动投入到经过深思审视的角色中，才能获得自己的自由。

中学阶段的孩子正处于生涯发展的探索期，摆脱依赖，走向独立的意识越来越强，与外部环境和人群接触交流的愿望越来越强，自觉地学习实践，建构主观认知体系的能力也越来越强。这个时期孩子所承担的角色不仅仅只是一个"学习者"，他们还是家庭成员，是朋友伙伴，是校内外活动的参与者，是社会的小公民。在这样一个人生发展的关键时期,要帮助孩子明晰自己的生涯角色构成及相应的责任和义务。当他们努力发展每个角色的能力时,这个角色意识就会变成自觉的意识。

表1-1是对学生角色的列举,不妨和孩子一起具体探讨,实际的角色有哪些;每种角色都有哪些具体内容;除了这些角色,还可以发展出来什么角色。

表1-1 学生生涯角色分析表

角色	发展内容
学习者	养成良好的学习习惯,找到学习的兴趣,研究学习方法,发现不同学科的价值
子女	主动与父母沟通,了解和满足家人的需要,充分表达自己的期望以及理由,尊重边界与责任,做必要的家务,提高生活自理能力,培养良好的生活习惯
休闲者	拥有一项能够表达情绪、情感,可以带来愉悦感受的爱好
朋友	共同兴趣爱好者,可以参与共同的活动(共享人生经历),互相支持

由此,我们能够看到,每一个阶段都不是孤立存在的,而是彼此影响,相互连接;每一个角色也不是孤立存在的,一个优秀的生涯主人可以游刃有余地在不同角色和身份间自如地切换。

(4)提升生涯适应性的意识

生涯适应性的意识,是基于环境的变化和生涯中各种复杂的无常变化而言的。一个人在青少年阶段面临的各种环境变化，就是提升他们生涯适应性的好机会。这种变化可能是换一所学校、一个班级、一位老师，也可能只是正常的升学，学习新的课程，也可能是参加社会实践，参观场馆，还可能是与陌生人打交道。

开始时，一定会感觉到种种不适，那么，如何面对这种不适呢？有些孩子会逃避，有些孩子在遇到挫折之后会放弃，有些孩子主动想办法，有些孩子则是调动周围的人一起来帮忙。孩子对周围环境的适应，需要沟通表达、信息检索、学习等能力，更需要具备开放、包容、积极、乐观的态度与意识。这一点，当孩子将来进入职场，就会显示出其重要性。

那些表现出个性灵活度、人格弹性、适应力和学习能力，以及人际沟通能力的人，往往是最受欢迎的职场人。而这一切，都离不开青少年成长阶段在孩子心里种下的种子：保持好奇心，积极探索；以开放的心态接纳变化，拥抱偶然；积极践行，发展自己的软实力；拥有同理心，善于理解他人。

（5）积极连接世界、拓展视野的意识

外界的信息发生着持续而快速的迭代变化，对人们的信息储备和更新的要求越来越高。孩子天生对探索世界充满好奇，在保护孩子好奇心的同时，要注意培养孩子积极连接外部世界，不断拓展视野的意识。向内，孩子需要自我认知；向外，孩子需要了解更大的世界。

在孩子的世界里，一定有游乐场，有幼儿园。那么，有餐厅吗？有医院吗？有公交车吗？有博物馆吗？有美术展吗？有农田森林吗？有戈壁草原吗？有职业体验馆吗？有意识地带孩子去这些地方，并让他们留意观察，学习探索，满足他们对世界的好奇的同时，也在提升其能力。

孩子在学校学习的，绝不应该仅仅是知识，还有获取信息的方法，以及如何进行加工和分析信息的能力。那么，对他们来说，这些方面的成长就需要借助平时对世界的连接和视野的拓展来进行训练。

广泛的阅读和即时的网络搜索，就是一种重要的学习手段。教育者们尽量创造机会，带领孩子主动接触更广阔的空间，大量的好书，各种博物馆、科技馆、美术馆、艺术馆、不同的城市等，都是拓展视野的渠道。我们提倡终身学习，除了直接的、有目的的学习之外，就是要终身保持好奇，不断拓展自己的边界。

同时，教育者们也要有意识地通过一些具备明确目的的任务，来帮助孩子拓展视野。比如，高考选科，就需要了解高考政策信息，了解专业、学校的信息以及招生条件。这些信息的获取，不仅在于平时的积累，还可以通过集中收集、加工分析信息来支持决策。由意识出发，帮助孩子提升能力，远远比信息本身的积累更重要。

以上五种意识,是在生涯教育中需要着力关注的。

树立生涯意识,非常神奇,不需专门的教材,只需融入日常的玩耍、交流中,就会发挥巨大的作用。树立生涯意识就像是种下"种子",多年之后,这些"种子"长大了,你会发现,这些孩子是这么积极主动,这么有自我意识,这么关照他人。当然,首先需要作为教育者的父母和老师建立起生涯意识,毕竟,意识是传递出去的。

3. 发展生涯能力

发展生涯能力,是生涯教育中一个特别容易显现的着力点。

在这个着力点上,需要关注两个方面。首先,生涯能力都包括哪些内容。其次,进行生涯能力提升的契机与方法。生涯能力的内容和提升方法,在后文的梦想力模型中有详细阐述,也是贯穿生涯教育的整个过程中可以"看得见"的部分。这里先说生涯能力提升的契机。

生涯能力的提升需要两个时机,一是在教育活动中刻意创造时机训练,不管是课程还是活动,都要有这样的设置。另一个也是最重要的时机,其实就是孩子在成长过程中遇到的种种"问题"。

有人一提到问题，就会认为是"负面"的。其实，人生中出现的问题，对孩子来说，既是困难、挑战，又是提升的机会。比如，学生中常见的问题：考试没考好，这个问题的本质是，如何面对挫折。这样的问题在未来的生涯发展中，有无数的场景可以对应。关键是，教育者们是否抓住了这样的机会支持孩子一起面对，并持续提升了"面对挫折"的生涯能力。

再比如，刚刚转学，或者升学到了新学段，面对新的环境，新的同学和老师，怎么适应呢？此时，也是未来一定会遇到的生涯场景——面对新环境时的生涯适应性。

这样的场景很多，因为生涯本就是我们的生命过程，转换了角度，就不会仅仅限于本能地去应对，而把这些变为一次次机会。比如，如果孩子在学校被欺负了，不再会纠结是打回去，还是躲着走，而是会和孩子一起研究可能的策略、风险、成本，以及后果处理等；如果孩子学习成绩不好了，不再只是帮忙补课，或者一味指责，而是会耐心分析原因，分析动力，寻找方法，调整心态；如果遇到了一些需要决策的事情，比如假期去哪？要不要转学？该报什么兴趣班？这样的事情，就不会再由父母包办做决定，而是一起分析决策的因素，制订最佳策略。那么，到了高中选科，高考后填报志愿的时候，这些已经经历了多次决策训练的孩子们，一定有自己的决策主张。

从这些场景中，我们不难发现，生活中处处都是生涯场景，当教育者有了生涯意识的时候，就不会简单粗暴地用自己对于结果的关注来指导、干涉孩子。而是会把生活场景当作训练场，耐心地陪伴，一起成长。

值得注意的是，生涯能力的训练成果不仅在二十岁之前有所表现，真正表现价值是在进入社会，开始独立的时候。教育所发挥的作用，都不仅仅在当下以学习成绩来体现，而是会影响人的一生。

梦想教育：生涯教育的灵魂

任何一种教育方式的提出，在形成体系的时候，都需要有灵魂，因为灵魂是对于庞杂知识系统的统领，也是操作实施时遵循的依靠。有了灵魂，才能纲举目张，诸多理论知识才能有机地协调在一起。有了灵魂，才会不拘于具体的操作细节，才有创造出个性化的可能性。

那么，生涯教育的灵魂是什么？这个问题的思考，要回归到本质上来——为什么要做生涯教育？

生涯教育是对现实问题的回应与解决。孩子缺乏学习动力怎么办？积极反馈，价值刺激，树立理想。孩子缺乏自信怎么办？鼓励表扬，榜样力量，创造成就。孩子能力不足，缺少方法怎么办？提供资源，提供帮助，耐心支持。所有这些，都与生涯教育的内容相关：向内探索自我，培养兴趣，挖掘价值，训练能力，提升效能；向外主动延展，广泛涉猎，替代经验，积极学习，与职业世界建立连接。

生涯教育是面向未来的准备和成长。社会发生着日新月异的变化，未来的趋势已现端倪，并在一些具体的组织里、领域中开始实行，我们已经清晰地看到：未来需要更具创造性，更有学习力，更善于合作的人才。那么，教育该为此做些什么呢？这需要既兼顾标准化的考试和人才选拔，又面向未来做必要的创新准备。打破学科的局限，在学校建立各种场景，对未来工作生活中的挑战进行模拟，帮助孩子尽早建立意识，提升能力。而这些，又必须从生涯教育的视角来看：下个阶段的生涯目标是什么？终身的生涯意义如何追寻？什么是终身必备的生涯能力？

我们发现，生涯教育的出现，绝非空穴来风，也不是一种锦上添花的摆设，而是在现实和未来两个维度上的要求——系统地、深入地帮助孩子建立生涯意识，提升生涯能力。

此时，如果从梦想的视角来看待生涯教育，可以起到一种"支点"的作用。

建构梦想，践行梦想，本就是面向未来的一种能力，而这些能力又恰好可以完美解决现实中遇到的种种问题；关于梦想的全过程就像是为孩子私人订制的一个个训练项目，这个过程把自我认知、生涯意识、生涯能力等生涯教育的种种内容都囊括了进去；梦想教育最核心的是帮助孩子在青少年阶段建立起对梦想的信心，这对他们未来人生模式的塑造势必起到重大的影响，青少年阶段，是讨论梦想最合适不过的时机。

梦想教育是生涯教育的灵魂。梦想，是一种能力。

一、梦想是一种能力

说到梦想力，人们总会把梦想当成一种"力量"或者"能量"。确实，梦想符合人们的价值追求，是人们对美好未来的期待，让人兴奋，让人怦然心动，也会让人动力满满。但是，如果把梦想只是放在动力的位置，这就难免会成为简单粗暴的"成功学"。其实，梦想是一种"能力"，并不是想有就有，也不是凭想象就可以产生的，而是需要培养、训练，像肌肉一样，使其强化的。

梦想是一种能力，不仅仅包括有目标的情况下努力实践梦想，实现目标的能力，从生涯的视角来看，拥有梦想本身就是一种能力的表现。而这样的能力，又往往容易被人忽略。

从小到大，我们会被塞进一个又一个的梦想：要好好学习，考上大学，或者考进北大、清华，出国留学，找个好工作，挣更多的钱，成立一个美满的家庭，生个好孩子，然后再多赚钱，功成名就，直到退休，子孙满堂，幸福一生。

在目标被"规划"之后，又开始有人给你规划路径，怎么学习，怎么上补习班，怎么考试，怎么讨好老师，怎么维护人脉，怎么升职加薪，怎么竞争……处处都是精明的套路。于是，有些人开始怀疑：做人要不要这么累？难道，这就是我们想要的吗？但是，回过头来看，似乎此时已经找不到自己了。

正是因为我们一直活在别人的"梦想"和"规划"里，就失去了拥有梦想的能力。而梦想和我们对自己的认识息息相关，对自己的认识越深刻，梦想就会越真实。梦想的真实性，不在于是不是容易实现，而在于自己是不是有足够的动力去为之努力。梦想是一种能力，持续探索，发现自己的需求，发现自己的特征，进而找到自己的人生使命，不断为一个个小目标而奋斗，也不断为一个个小梦想而喝彩。

英国历史上首位盲人大臣戴维·布伦克特的故事，或许可以让我们对梦想的能力有更多的理解。布伦克特的眼睛天生看不见东西，他的母亲曾为此一夜愁白了头。然而，布伦克特却是一个精力充沛又很勇敢的家伙，从小就喜欢爬树，还尝试骑车、滑雪，即使摔得鼻青脸肿，也从未放弃探索。

幼儿园的时候，在老师布置的一次练习中，有个叫戴维的孩子在练习本上写下自己的梦想：成为英国内阁大臣，因为英国至今还没有一位盲人进入内阁。这些孩子的练习本被老师收了起来，在50年之后的一次整理中，偶然发现这个练习本。于是，老师开始通过媒体寻找当年的这些孩子们。可是，有个叫"戴维"的孩子一直都没有音信。直到一年后，老师收到了英国内阁教育大臣布伦克特的来信。

信中说："那个叫戴维的人就是我，感谢您还为我保存着儿时的梦想。不过我已不需要那个本子了，因为从那时起，那个梦想就一直在我脑子里，从未放弃过。五十年过去了，我已经实现了那个梦想。今天，我想通过这封信告诉其他30位同学，只要不让年轻时美丽的梦想随岁月飘逝，成功总有一天会出现在你眼前。"

这是一个听上去颇为励志的故事，一个幼儿园孩子"成为内阁大臣"的梦想，历经五十年，竟然实现。这在很多人看来，都是颇有挑战和难度的事情，布伦克特是怎么做到的？学习盲文、打字、考上大学，进而竞选议员，在仕途上一直努力，直至出任内阁大臣。他没有多姿多彩的童年生活，成年后工作几乎取代了一切娱乐。他只能读盲文，而盲文的阅读速度只能达到正常人阅读速度的三分之一，这意味着他要花费超过别人几倍的时间去阅读。

可见，梦想不只是想得到、想得大，就可以像用之不竭的燃料一样持续提供动力。在实践的过程中，必然会遇到各种困难和挫折，要不断自我激励，要不断想办法，不断训练自己达成目标的能力和抗挫折的能力。以布伦克特最初竞选地方议员为例，为了走入社区拉选票，他先是自己训练导盲犬，然后又走进每一条街，走进每一户家庭，向选民宣传自己的思想。

布伦克特还有自己的绝招：超强的记忆力。在英国新闻协会总部演讲时，他不但能够一个不落地叫出主要与会者的名字，而且在说出每个名字时，还能用"目光扫视"那个人。其实，这个新闻协会有几位官员曾经是谢菲尔德的记者，而布伦克特曾是当地的议员，因此，他可以通过这些人的声音辨别出他们是谁。当他演讲时，他会记住发过言的人的位置，当提到对方的名字时，自然就能"看"着对方。

布伦克特说，记忆力就像人身上的肌肉一样，要不断训练才行。记忆力如此，梦想力也是如此。在很多人看来不可能的事情，梦想家们就是从一个个小目标开始，不断实践，不断实现，持续前进。慢慢地，在梦想家们看来，梦想就如家常便饭般，成了一种生活方式。

二、梦想力模型

梦想这种能力到底是怎样的？梦想力其实不是单一的某一个能力，而是一个群组能力，以图1-4的梦想力模型来说明。

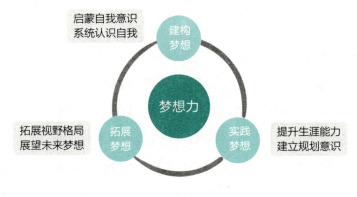

图1-4 梦想力模型

梦想力包括建构梦想的能力，实践梦想的能力，以及拓展梦想的能力。

建构梦想的能力。梦想不是空想出来的，可是，不少人说："老师，我没有梦想怎么办？"特别是在区分了别人硬塞过来的梦想和自己真实的梦想之后，忽然发现，自己出现了"梦想真空"。这时候，最需要的就是建构梦想的能力，而且这样的能力越早培养越好，最好早早地拥有自我建构的能力，那就变成了一项"内功",受益终身。

建构梦想,从自我意识的启蒙来,从系统的自我认知来。当自我意识出现的时候,"我是谁"的问题才会在探索中逐渐得到解答。随着自我认知的深入,我们就会出现越来越强烈的自我追求:什么才是符合我的方式?我希望进行怎样的尝试?我要追求什么?我如何发挥自己的天赋优势?一个个小梦想的实践和实现,会带动大的梦想出现。我们的人生就被一个个梦想建构起来了。

本书第二章会对建构梦想进行深入解读。

实践梦想的能力。梦想在于实践,而不是实现。这不是不关注结果,恰恰相反,我们要关注包括结果在内的梦想实践的全过程。一个梦想,从萌发开始,到确立目标,制订计划,一直到最终结果,过程中一定会出现种种需要调整和管理的地方,也一定会有种种意外,而最终的结果也经常不是绝对可控的。那么,我们可控的是什么?是出发点,是决心,是目标,是计划,是行动。

实践梦想,就是从规划开始,对目标进行确认,进而管理时间和资源,并且对可能出现的困难和障碍进行管理。我们在这一过程中既要关注生涯意识的提升,也要关注生涯能力的提升。而这些能力一旦被学习,再经过反复练习,就会成为习惯,助力我们成就一个又一个的梦想。

本书第三章会对实践梦想进行深入解读。

拓展梦想的能力。随着一个人对自我的认知越来越清晰，梦想就会产生，进而就会去践行，去实现。随着一个人的不断成长，其视野和格局也在扩大，梦想就需要全面拓展。拓展梦想的能力可以从四个维度发展：拓展对不同生涯阶段的认识，进而看到人生阶段的全局；拓展对不同角色的认识，进而拓展对角色的理解；拓展外部视野，从更多的信息中拓展梦想；调整内在认知，通过意愿度和信心的提升来拓展梦想。

结合青少年成长过程中的重要生涯节点，建立梦想与现实之间的连接，在真实的场景中进行分析。每一次环境的调整，每一次关键选择，比如志愿填报、科目选择等这些重大的决策点，就是拓展梦想最佳的训练场。

本书第四章会对拓展梦想进行深入解读。

三、生涯理论对于梦想教育的支撑

如果你对本书提出来的"梦想教育"的各种模型、视角、工具感兴趣的话，可以更多地去学习相关的生涯理论。在建构梦想部分，可以学习霍兰德理论、性格类型的各种理论，舒伯提出的价值观系统理论，以及后现代的建构理论。在实践梦想部分，可以学习社会认知理论、社会学习理论、生涯决策理论、信息加工理论。在拓展梦想部分，可以学习舒伯的生涯发展理论、社会适应理论等。

值得注意的是，在研究生涯教育的过程中，我们把西方的生涯理论，传统文化中对于生涯的理解，以及现实社会中出现的生涯困惑与问题进行了结合，重新进行了梳理与调整。在研究过程中，我们深刻地感受到先贤的智慧，也更加理解时代发展的规律与特征。

生涯教育是每一个人都需要修习的功课，如果已经成年，进入职场，甚至是打拼多年，至少需要通过自我教育，补上这一课。这样的补课是一种梳理，这会让人更加明晰地解释自己的生涯发展，在梳理中增长智慧，并因此懂得如何在未来更主动地发展。对父母和老师来说，更需要学习生涯教育，让孩子的教育多一些维度和思路，不再让孩子的成长缺课。

四、教育者的责任

家庭中的父母、学校里的老师，都是教育者，是生涯教育中必不可少的角色。那么，在生涯教育中，教育者需要做些什么呢？

1. 修炼自己，持续成长

关于梦想的问题，同样发生在教育者身上，不管是老师，还是父母。我们去学校调研的时候，和老师们座谈，他们的主要诉求是关于孩子的：如何让孩子们更有动力；如何让孩子们更有意识，更主动。然而，和校长聊起来，他们的主要诉求却都是关于老师的：如何帮助老师们克服职业倦怠；在现实压力之下，如何帮助老师们减压；老师们的生涯如何规划。

类似的事情也发生在职场，发生在孩子的父母那里。没有目标的跳槽，没有动力的学习，没有方向的倦怠，是生涯咨询室里最常见的问题。试想，这样的状态怎能不焦虑？怎能不把自己的期待轻易地转移到孩子身上？又怎能让孩子拥有梦想呢？

有一个师范生讲了她的两位大学老师的故事。

一位老师是一个中年男人，穿着不太讲究，已记不起来他教授什么课程，只记得他经常对学生说"My today is your tomorrow（我的今天就是你们的明天）。"他经常会和学生抱怨他对大学老师这份工作的不满，让这群师范生对教师工作的期待大大减少。而另外一位老师，其貌不扬，长得也不高，但是学生们在他的课堂上却可以感受到他对生活的热情，他有自己的梦想和追求，这让学生们对他的课程很期待，而不论他教授什么课。

跟着对生活没有热情，对自己未来不期待，没有梦想的老师学习，学生也会出现同样的问题。反过来，跟着对生活充满热情、对未来充满期待，有自己梦想追求的老师学习，学生也会耳濡目染地觉得动力满满、信心倍增，方法和能力的培养也就无须外界过多的督促就能完成。

教育者总是需要先教育自己。只有自己的状态好了，相信梦想，拥有实践梦想的能力了，才会改善自己的职业状况，才会热爱工作，进而，才会将这样的状态传递给孩子。

2. 创造场景，支持成长

生涯教育不只是停留在课堂上、书本中，开展生涯教育的机会更多的是在生活中，在言谈举止的沟通中，在不经意的细节中。

教育者有责任创造生涯教育的场景。有两类场景特别重要。

第一类场景是在生活中出现的种种矛盾、冲突，可以表现为孩子遇到的种种困难和挫折，也可以表现为孩子的一些强烈情绪，还可以表现为孩子遇到的意外和无常。

比如学校组织演讲活动，孩子报了名却不敢参加。他说自己害怕站在台上。这时，演讲就是孩子生活中遇到的一个困难，出现了困难，也就出现了一个生涯教育的场景。

父母可以和孩子一起来分析：最初报名演讲的意愿度如何？参加这样的活动对自己的价值有哪些？结果都有哪几种可能？各自的概率是多少？可能遇到的困难有哪些？该如何寻求支持？事后，还可以和孩子一起来分析总结。

老师可以通过班会，采用讲故事的方式，来激发学生对演讲的兴趣；还可以通过结对子的方式，让大家彼此支持，调动每个人的积极性；或者有针对性地开展关于"抗挫折能力"的主题活动。

孩子遇到的每一个"难关"，都是可以开展生涯教育的机会。

第二类场景是拓展视野的场景。教育者要有意识地带领孩子到不同的城市、场馆、组织中去了解社会，了解世界。可以参观场馆，可以参与活动，还可以和不同的人交流。在拓展视野的时候，以下流程是需要精心设计的。

1）提前对相关信息进行收集和学习。

2）有意识地提出问题，或者提出自己的思考。

3）主动与不同行业、地域、文化背景的人进行交流。

4）总结反思，与自己产生连接。

在学校，老师可以请不同职业的优秀工作者来给孩子做报告，讲述职业世界的情况，也可以带孩子去不同场馆参观。父母可以利用假期带着孩子走亲访友，参加游学，去不同的地方游览参观。

这些看上去需要颇费心思的设计，是教育的应有之义。也正是在这样的场景中，孩子得到了很大的成长。

| 兴趣探索 | 能力探索 | 性格探索 | 价值观探索 |

拓展梦想的边界　　强化实现梦想的信心　　丰富实现梦想的方式　　确定梦想的方向

第二章
建构梦想：这是你的世界

谈到梦想，我们会发现，这个时代，缺乏的不是方法和资源，让人困惑的往往是"没有梦想怎么办"。

有一次，一个二十多岁的小伙子在课堂上做练习的时候发现，之前以为信心满满的很多目标，竟然都是别人"给的"，是父母的期待，是社会的期待，是多数人的愿望，伪装成自己的梦想。比如在北京买一所房子，定居，稳定，这是一直以来的奋斗目标。但是对梦想的理解越深，他越是发现，这并不是他最想要的，即便得到，也只是兴奋片刻，不会从中获得持久的满足感。那一刻，这个小伙子发现，他把自己的梦想弄丢了。

这样的情况并不少见，很多人甚至没有这样的觉察，只是盲目地努力，直到实现目标的那一天才发现这并不是自己想要的。不知道为什么活，找不到人生意义，这样的情况被称为"空心病"。

空心病并不是一天形成的。有一个上初中的男孩，业余时间喜欢画画，而他的爸爸认为他不务正业，学习文化课才是正道。临近期中考试的一天,爸爸下班回来看到男孩还在画画,顿时火冒三丈,一气之下把孩子所有的画全部撕毁了,引发了父子之间的大战,好长时间男孩与爸爸都处于冷战之中。在这个案例中,这位爸爸生生地把孩子的兴趣掐灭了,将来这个男孩何谈热情和梦想呢?

曾几何时,在"管控"下,孩子的梦想慢慢消失了,不见了,孩子开始按照父母的想法成长,虽然这些想法不一定都是"错误"的。在这些想法、观点的影响下,孩子开始成长为父母想象中的那个"人",甚至有的人终其一生都是在为别人的梦想而努力。

我们做生涯教育,从启蒙孩子意识到自己的独特性开始,鼓励每个人发展自己的独特性,成就属于自己的梦想。经由对自己独特性认可和发现的意识启蒙,开启对自我的全面认知,只有自我认知充分了,属于自己的梦想才会被建构出来。

梦想力从建构梦想开始,而建构梦想从自我认知开始。

从生涯的视角来看,一个人的自我认知可以有不同的维度,兴趣、能力、性格和价值观是四个重要的维度,这些维度也形成了对一个人的整体认知。这四个维度不是单一存在的,就像是一个四面体的四个面一样,互相独立,又彼此关联,组合在一起,形成一个整体,如图 2-1 所示。

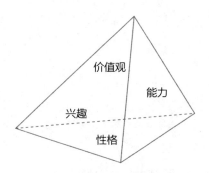

图2-1 自我认知四面体

本章我们将从这四个维度进行逐一探索,并且提供在自我探索中建构属于自己的梦想的路径及方法。

兴趣探索：拓展梦想的边界

2013年9月，新洲一中邹英杰以664分的成绩考上了清华大学的精密仪器和技术专业。两年后，因对专业不感兴趣，2015年3月，毅然上交了退学申请。2016年，他再次踏入高考考场，考了705分，以新洲状元身份考入北大光华管理学院。接受采访的时候，他说："原来的专业与自己的兴趣差得很远，越学越没有劲。只想换个喜欢的专业。"

邹英杰因为对自己的学习基础有信心，敢于在进入大学两年之后，再退学重新参加高考。但有不少的高中生上大学后发现所学专业并非自己所喜欢的，继续学习本专业没有动力，转专业需要付出更多的时间、金钱和精力，又没有勇气和底气退学重考，只能在大学校园里得过且过地晃荡着……

大学生因为不喜欢所学专业而荒废学业、退学、回炉的现象，每年都有很多报道。如何避免重蹈覆辙？只有充分认识自己，发现那个独特的自己，自信地选择自己喜欢的专业，才能走进自己感兴趣的、适合自己并且能够发挥特长的领域，为自己的生涯幸福奠定坚实的基础。

一、什么是兴趣

说起兴趣，人们对它的理解偏差，可能会造成人们与之无缘。我们来看这样一个困惑："我喜欢吃美食、看美剧、睡觉，这是不是兴趣？"

你是否也有以上的困惑和疑虑呢？你知道什么是真正的兴趣吗？

兴趣是一种带有情感色彩的认识倾向。它以认识和探索某种事物的需要为基础，是推动一个人去认识事物、探索事物的一种重要动机，是一个人学习和生活中最活跃的因素。简单来说，兴趣是一个起点，推动人们继续认识和探索事物。

从兴趣的概念可以看出，兴趣以需要为基础，因认识而深化，兴趣与认识和情感相联系。若对某个事物或某项活动没有认识，也就不会对它有情感，因而不会对它有兴趣。反之，认识越深刻，情感越强烈，兴趣也就会越浓厚。比如睡觉、吃美食是生理需求，是身体内在不平衡时提出的需求，一旦满足需求就消失了。如果仅仅停留在这个表面层面，还不能称之为兴趣。

什么情况下才是兴趣？如果你睡觉时，研究在什么样的情况下能更好地入睡并且睡眠质量高，并对房间的光线、床的软硬度、枕头的高低、床的朝向、躺姿等参数进行研究，这时就指向了兴趣。对这些方面进行深入研究，以后可以做睡眠体验师、高品质床的设计师等。

我们再看另外一个困惑："我打游戏能沉浸其中，欲罢不能，这是不是兴趣？"

这要看打游戏是**能量消耗过程还是增长过程**，如果是一边打游戏一边内疚不已，消耗能量，就不是兴趣。游戏，作为网络产品，其设计一定是要满足人们好奇心和成就感等人性，才算是一款好产品，但如果只是沉浸其中，时间久了，就不只是在玩游戏，而是"被游戏玩"。如果你能沉浸其中研究这个游戏为何吸引人，游戏的环节设置是怎样的，有没有什么漏洞和破解的方法，那就是兴趣了。

兴趣是推动一个人认识和探究事物的动力，如果只是单纯地欲罢不能，不能推动人去认识事物、探索事物，感到能量被消耗，那就是诱惑，而不是兴趣。真正的兴趣是激发探究动力、增长能量、促进能力提升，指向未来的。

二、兴趣的作用

兴趣能够使我们长期投入一件事情，是我们内在动力的源泉和快乐的加油站，无论能力高低、无论外界评价如何，仍然乐此不疲，享受其中。如果一个高中生在学科选择中能够选择符合自己兴趣的科目，内心就会获得源源不断的动力，促进自己全心投入，将兴趣发展为能力。

积极心理学的奠基人之一，美国著名心理学家米哈里，在大量案例研究的基础上发现，当人们全神贯注地从事某项活动或某项工作时，人们的幸福感和满足感是最强烈的。米哈里将这种状态描述为心流（flow），这是一种怎样的感觉呢？闭上眼睛想象一下，感受一下：似乎你处在一条河流当中，什么都不必做，只有水流的作用力推着你向前，一切的现象都那么顺其自然。

每个人都会有自己喜欢的活动，从中可以享受到米哈里所提出的这种幸福感和满足感。有的人是在工作中获取，有的人是在阅读中享受，有的人是在当众发表演讲中体验到幸福，有的人是看笔尖流淌出色彩而感到心满意足……

在心流的状态下，你不会担忧自己的表现是不是足够好，也不会操心这样做会有谁给你颁奖或者发小红花，更不会考虑这个事情的投资回报是什么，也不会害怕别人会怎么看待你……而只是全然地投入其中，倾力享受，感受发自内心的快乐，无论这项活动对我们体力的要求如何，对智力的挑战如何，对耐心的考验如何，你完全都不用关心，你已经在不知不觉中调动身体的每一个细胞去尽情享受这个过程中所发生的一切，沉醉其中。

具体来说，兴趣的作用有以下五点。

1. 通过兴趣探索，打开梦想的视野

在生活当中，经常会有人说："我没有做过这个，所以我没有兴趣。"高考填报志愿时，如果问考生："你对什么感兴趣？"有很多人会说："我不知道对什么感兴趣，似乎没有什么兴趣。"这是一个让父母和老师感到尴尬的状况，缺乏兴趣方向，就难以选择符合志向的专业，于是，只能"蒙"着来，或者"随大流"。

这样的情况并不在少数。一方面，是因为缺乏对自己过往经历的梳理和总结。另一方面，是因为缺乏探索，缺乏了解，限制了许多人对未来的想象，关闭了很多可能感兴趣的专业或者工作。一个人的兴趣不是天生就有的，而是经过各种尝试、练习及意志力的挑战，才逐渐发展起来的。

有位班主任给我们讲过这样一个例子，她曾经教过一个艺术班，当时班上的学生算不上喜欢艺术，只是文化课成绩不好，想走一条更容易的路。所以，这些孩子对以后具体读什么专业，做什么职业都很迷糊，很迷茫，学习起来也没什么动力。

一次偶然的机会，这位老师在教完莎士比亚戏剧后，给学生们放了一段《奥赛罗》的视频，里面不仅有精彩的芭蕾舞剧，还介绍了舞剧是如何编导而成的，有什么精彩的构思。没想到，这一次的视频体验触动了其中一位艺术生，她知道了"编导"这一职业，并对这一职业产生了浓厚的兴趣。发现了这一情况后，这位老师给她介绍了有关编导方面的老师，使她对这一领域里有更多的了解。最后，这位学生真的考上了北京一所大学的编导专业，在大学期间作为交换生到加拿大学习，并凭自己的实力独立编排了一场加拿大华人春晚，现在自己开了一间小有名气的工作室。

这位老师说："给孩子们多点探索，可以打开他们梦想的视野。"

2. 兴趣是未来专业和职业选择的重要依据

正像我们在日常生活中喜欢从事自己感兴趣的活动一样，人更倾向于寻找自己感兴趣的专业类型，特别是在外界环境限制较小时，更倾向于选择自己感兴趣的专业。比如，喜欢动手操作的人，在专业选择时更倾向于选择工科类的专业。如果能早早帮助孩子探索兴趣，进而明确兴趣的大致方向，在高中选科，高考志愿填报，甚至进入大学，乃至将来择业的时候，选择都会变得更加容易。

小冲是高一的学生，对计算机有浓厚的兴趣，课余时间大部分用来玩电脑。可是父母觉得这样太影响学习了，于是便把家里电脑的鼠标拔掉，以为这样就可以阻止孩子玩电脑。小冲却研究出了不需要鼠标也能进行各种操作的玩转电脑的方式。随着自己的深入研究，对电脑越发感兴趣，进而通过各种渠道自己学习相关的技术，也加入了相关的群体和圈子。看到小冲的学习劲头，父母的态度也从禁止转为鼓励和正面引导，帮助小冲找老师，参加专业培训。后来，小冲在高考填报志愿时报考了计算机专业，并在大二就开始和校友创业，现担任一家公司的技术总监。

3. 兴趣可提高学习效率

兴趣是人认识某种事物或从事某种活动的心理倾向，它可以使人集中精力去获得知识，并创造性地完成当前的活动。一个人对某一专业有兴趣时，枯燥的学习也会变得丰富多彩、趣味无穷。比如，做物理实验，因为有兴趣，有的人可以两天两夜，甚至几天几夜在实验室里，守在仪器旁，急切地希望发现所要探索的现象。兴趣可以调动身心的全部精力，让人以敏锐的观察力、高度集中的注意力、深刻的思维和丰富的想象力投入学习，从而有助于学习效率的提高。

4. 兴趣可以促进创造性

兴趣会促使人深入钻研创造性的学习和工作。

有一个孩子特别喜欢捏泥人，每次创作的作品都是通过自己的想象创造的，无论别人是否喜欢她的作品，她都非常自信。在出租车上的短暂时间，她会捏出一头小狮子。外出见朋友的时候，她会随手送上自己制作的作品，也经常做一堆作品给班主任让他作为课堂奖品。

她的所有作品都是自己创造的复杂造型，并且在捏泥人的过程中对各种不同材质的橡皮泥也颇有研究，包括如何用化学药水制作相应的材料。学校和区里有手工创意比赛的时候，她都会主动找老师报名，每次比赛都会获奖。有一天晚上，作业做到11点，已经很困了。去洗手间功夫，竟然待了20分钟没出来，妈妈以为她睡着了，推开门一看，孩子躲在里面捏泥人呢！妈妈没有想到，孩子会如此痴迷自己喜欢的事情。

中学生如果对一门课程感兴趣，会促使他刻苦钻研，认真学习，并且激发创造性的思维，不仅会使学习成绩大幅提高，而且会改善学习方法，提高学习效率。所以，作为老师，让孩子喜欢上你的课程，进而产生兴趣，对培养孩子的创造性非常重要。

5. 兴趣是影响人们工作满意度、职业稳定度和职业成就感的重要因素

你身边一定有这样的人，他们在工作中勤勤恳恳，付出很多，也在相应的职位上取得了非常杰出的成绩，然而他们会说自己并不开心，可能就是因为他们的工作内容与兴趣不符，不能够满足兴趣在心底发出的渴求。

由此可知，兴趣不仅是在学习活动中发生和发展起来的，而且是认识和从事活动的巨大动力。它可以使人的智力得到开发，知识得以丰富，眼界得到开阔，并会使人善于适应环境，对生活充满热情。

三、兴趣的来源

那兴趣是怎么来的呢？兴趣的来源有三点。

1. 兴趣与一个人的知识储备密切相关

知识储备越多，认识越深刻，也就越可能引起兴趣。姚明篮球兴趣的培养就很好地说明了这一点。

小学三年级，9岁的姚明身高已达170厘米。当时，姚明很不情愿地被父母拉进了篮球场，开启了篮球生涯。乖巧的姚明对父母言听计从，但一开始也是做做样子。他后来坦言：

"我9岁开始打篮球,每天训练2.5~3小时,后来是5小时,我就是随波逐流。"

拍球、运球、投篮,基础训练枯燥而乏味。为了不让日复一日的简单重复训练磨灭姚明的一点点兴趣,姚爸祭出了"撒手锏":每当儿子投进几个球,就买点小玩意儿奖励一下。"刚开始我是靠接受'贿赂'打篮球的",姚明说。

在持续的坚持之后,对于篮球的相关储备也越来越多。兴趣,油然而生。

在父母的有意引导下,也在自己的默默坚持下,打了八九年枯燥无味的篮球之后,姚明才慢慢找到感觉,爱上了篮球。那时,他"成为球场的一部分,球鞋摩擦、身体对抗、风从耳边吹过都是享受"。

姚明甚至引用了梁启超的名言:"吾生平做事,就凭兴趣二字。"姚爸语重心长地和孩子分享:"兴趣爱好会培养意志品质,而这种品质会向生活延伸。"

2. 兴趣会被榜样影响

一个人会被接触到的各种信息所吸引,特别是容易受到榜样人物的影响。比如,一个老师讲课很风趣,学生就会对这位老师产生敬慕之情,进而对这个课很感兴趣;看了一场电影,其中有位运动员的人格魅力深深吸引了观众,那么这位运动员所从事的运动项目就可能启发一些人的兴趣；学生在学校听了航空航天专家做的一场报告，进而可能对相关专业感兴趣。

所以，作为教育者，不仅要带孩子开阔视野，还要尽量让孩子在第一次接触的时候，就能遇到这个领域"最有趣的""最专业的""最杰出的"人，他们最有可能成为孩子的榜样，开启孩子新的兴趣领域。

3. 兴趣有可能就是源于天生的某种特点

我们可能对有些事情并不陌生，就像前面讲到的捏泥人的孩子。谁也说不清楚，这样的兴趣从何而来，为何那么强烈，可能这就是与生俱来的吧。

有位老师分享过一个例子，一个坐在第一排的学生，挨着讲台桌，总会有老师把粉笔头掉落在他桌子上。下课的时候他就会用小刀把粉笔头雕刻成老师的简易雕像，惟妙惟肖，送给老师或同学。有人问他跟谁学的，怎么这么神奇，他说也没学过，就是大脑里突然浮现出来的样子，也许这就是天生的兴趣。

不管是哪种兴趣来源，我们要用两种正确态度来对待，一是要努力给孩子创造氛围培养和发展兴趣；二是要帮助孩子学会发现和识别自己的兴趣特征。

四、兴趣的探索

兴趣是专业和职业选择的重要依据。特别是在孩子高考科目选择、高考志愿填报和职业选择的关键节点，作为老师和父母，帮助孩子澄清自己当下的兴趣非常重要。

那么，如何知道一个人的兴趣到底在哪里？或者说，有什么方法可以很方便地判断出一个人的兴趣类型呢？

兴趣探索的方法有两类。一类是从过去的行为当中进行发现，并从过去这些经历中总结兴趣的特征。当然，我们每个人都会受到视野的限制，所以，不要断言这个孩子的兴趣就是这样。另一类，就是通过一些活动广泛地拓展兴趣。一个人的兴趣是在体验中发现的，从来没经历过，从来没见过的一些事情，就是拓展兴趣的机会。

然而，出于功利性的考虑，人们又希望尽快获得一种确定性：能不能有一种探索方式，快速地确定一个人的兴趣？如果可以的话，越早选择，就可以越早地进入自己喜欢的领域，也就会因为热爱而更早拥有成就。

这样的期待非常美好，为此，心理学家们做了很多的研究。其中，美国心理学家霍兰德的研究尤为著名，他提出的"霍兰德职业兴趣理论"根据职业世界的工作内容，把人格划分为六种类型。即：

R——动手能力强,喜欢使用工具或机器从事操作性工作。

I——求知欲强,喜欢独立和富有创造性的工作。

A——有创造力,乐于创造新颖、与众不同的成果。

S——对人热情,喜欢人际沟通,倾向于帮助、教育和服务于别人。

E——喜欢创立项目和组织,以及影响和说服别人。

C——喜欢细节工作,喜欢规范的流程。

根据霍兰德的理论,人们很容易确定自己对哪些方面的事情感兴趣,如前文所说,这些兴趣点,有些是天生存在的,有些则和经历有关。但需要注意的是,即便是霍兰德的理论,也经过了持续的迭代和发展。我们要知道的是,一个人的兴趣类型,是基于对大量活动的体验基础之上归纳总结出来的结果。而且,一个人的职业发展,不可能完全由兴趣所决定,而是受到了能力成长,价值趋向的发展,以及各种机会等因素的影响。

即便是兴趣的探索,对于尚未成年的孩子来说,我们也反对直接通过测评量表的方式进行测量。虽然测评量表有它自己的价值和意义,它可以快速、批量地给出一个测评的结果。但是,测评需要专业解读,否则受测者很容易根据测评结果给自己贴标签,很容易被固化。

主观的测评量表都是基于过往的经验来进行的，只有具备一些体验和兴趣培养的基础，探索才有意义。关键是，孩子正处于成长阶段，他们的兴趣是不断发展的，所以我们需要做的，不是尽早明确一个类型，而是要更加开放地拥抱各种可能。如果还没有体验过什么活动，还没有读过什么书，最好的探索，就是立刻开始尝试和体验。而不是通过猜测，盲目地确定自己的兴趣。

同时，有些测量工具本身的信度和效度就值得商榷，而且有些量表中的很多情境是孩子不熟悉的，孩子很难说喜欢还是不喜欢，测试的结果自然也就谈不上准确了。这个方面，很多做过测评的高中生特别有体会。

可以想见，如果有足够的经历、体验，看了很多书，参加过很多活动，去过很多地方，这样的孩子不需要做什么测评，自然知道自己喜欢什么。所以，关于兴趣，我们要把关注点放在如何帮助孩子进行探索和培养上，而不是追求不可靠的确定性上。

市面上还有一些貌似"客观"的测量方式，比如脑电波、脑测试。因为不了解其具体的科学依据，我们不便对此发表看法。但是我们依然不建议使用这样的测量方式来确定孩子的"特征"，原因是人不是生产线上的一个产品，并不是"适合做什么"才是最好的选择。每个人都有自己独特的发展经历，其中的每一步探索决定着一个人的未来。换言之，不确定性，是生涯的本来面目。

为此，我们需要帮助孩子主动开展不同兴趣类型的探索活动。霍兰德对于兴趣类型的划分，就是一种很好的提示，可以针对不同类型的活动进行有针对性的尝试。

比如，在学校，如果有学生会招募，就可以问问孩子，如果不考虑能力限制，最想去的是哪个部门？不同部门的工作内容不同，所表现出来的兴趣类型可能就不同。有人喜欢宣传工作，就想去宣传部。有人喜欢与人沟通，就想去外联部。还有人喜欢文字工作，就想去文秘部。去哪个部门不重要，重要的是，与孩子一起分析——为什么选择这个部门？这代表了哪种兴趣类型？愿不愿意尝试不同类型的工作？

对于兴趣的探索，是为了发现更多的可能性，这种可能性或许是一些对于某些领域的倾向，也或许是一些端倪。抓住这些倾向和端倪，进行培养，或许就会培育出梦想的大树。

五、兴趣的培养

兴趣是学习的发动机，也是未来职业发展的助动力。所以，我们不仅要发现兴趣，更要有意识地培养兴趣，发展相应的能力。如果兴趣没有转化为能力，是很难依据兴趣进行选择专业或职业的。

曾任央视记者的张泉灵，在北大的一次演讲中说了这样一段话："许多同学跟我交流时说过这样的话，'其实这个世界上有多少人能从事自己喜欢的职业，能把自己喜欢的事情变成终身的事业，你是很幸运的。'我通常是这样反驳的，'如果你考大学时选的专业不是你喜欢的，而是你父母喜欢的；你的选修课不是你喜欢的，而是拿证多、学分好得的；你求职不是挑你喜欢的，而是待遇好的，请问，你选择时从未拿喜欢当回事，你从来没在乎过你喜欢的，凭什么你会从事喜欢的职业并成为终生的事业呢？'"

你是否也听到过他人类似的抱怨？张泉灵的反驳对你有什么启示？

兴趣是无法独立存在的。兴趣跟很多因素相关，其中最重要的是跟能力相关。如果我们从事的活动是我们感兴趣的、喜欢的、享受的，那我们必然会投入更多的时间与精力，当然能力就在这个过程中得以发展和提升，能力的提升又会大大提升和激发我们做这件事情的兴趣，我们在做这件事情的过程中会更有热情，也会更加幸福。由此形成正向循环，如此往复。所以我们要注意保护孩子们的兴趣，提升他们的能力和自信心。

兴趣是需要培养的。对某些方面不感兴趣，或许是因为没有深入地了解它。我们经常会因为浅尝辄止而失去了解一个领域的机会。作为父母和老师，要善于通过简单而有趣的方式，帮助孩子打开兴趣的大门，让他们对一些领域进行深入了解。

怎么培养孩子的兴趣呢？如果发现孩子对一些事情感兴趣时，多给孩子提供一些资源，创造一些深入探索的机会。

有位老师分享过一个她的例子。她在儿子七八个月大的时候，就发现他对地图册非常感兴趣，于是就买来了一些适合幼儿看的地图册，并给他讲解。再大一点，就给他讲地图上的图例、比例尺。还没上学，他就能借助计算器计算地图上两地之间的实际距离。妈妈每次出差，都会给孩子买一份所在城市的地图，所以，他虽然没有到过这座城市，但已经从地图上了解了这座城市的地理信息。每次有新地图出版，妈妈都会买回来，孩子会根据地图的变化了解一个城市的发展变化和规划。除此之外，妈妈尽可能多地带他出去观察、体验，将地图上的信息与实地情况相对照，更能加深他的理解和认知。这个孩子对地理的兴趣越来越浓厚，在学校是地理老师的小助手，高考时地理成绩获得满分。

打开眼界，增长见闻，是培养孩子兴趣的好方法。

这里提供一些拓展兴趣领域的方法。

1）假期里带孩子参观艺术馆、博物馆，不仅增长知识，还能开阔视野。

2）各地新建的科技馆、主题馆是了解新领域的好渠道。

3）许多大学有校园开放日或者招生宣讲会，可以带孩子去听，了解不同专业、不同学校的特色。

4）家庭书架上不仅要有畅销书、历史小说，也要有一些科普类、学术类等不同领域、不同类型的书籍。

5）策划组织家庭旅行，参加研学旅行或者社会调研、实习实践、冬令营、夏令营等形式的活动。

6）在条件允许的情况下，带着孩子去上班，让他在一旁观察父母的工作，甚至参与部分工作，也是不错的选择。

7）鼓励孩子自己去采访不同职业、不同领域的人，了解不同职业的工作内容和生活情况，了解更多的专业和兴趣领域。

在兴趣探索的过程中，随着认识的深刻、眼界的打开，梦想的边界就会被不断拓展，梦想目标越来越清晰。在实现了一个个阶段小目标时，梦想目标也会不断升级。

能力探索：强化实现梦想的信心

兴趣和能力息息相关。仅有兴趣不能说明一个人能取得多大的成就，能走多远。只有对自己感兴趣的事情投入更多的时间与精力，能力在这个过程中得以发展和提升，在做事情的过程中如鱼得水、游刃有余，才会大大提升和激发做事的兴趣。如果说兴趣探索可以拓展梦想的边界，那么能力探索可以强化实现梦想的信心和提高梦想实现的可能性。

我们来看一个生涯故事。

在第18届"明天小小科学家"活动中，陈博远凭借其研究的课题《天然马铃薯淀粉颗粒的乳化行为研究》，从两千多名参赛选手中突围，获得一等奖，并被哥伦比亚大学化工系录取。

陈博远课题的灵感，来自"面汤洗碗"。

陈博远小时候，发现奶奶经常用煮面条的面汤来清洗饭后的油碗碟，效果可与洗洁精相媲美，但又无法给出合理的解释，这一现象引起了博远的强烈兴趣。

幸运的是，陈博远的兴趣得到了当化学教师的爸爸的支持。做化学实验的时候，陈博远感到神奇；在化学课本上看到化学公式的时候，陈博远感到兴奋；到了高中，陈博远更是早早地开始自学大学课程。在他眼里，化学不是枯燥的公式和计算，而是生动的学科。

如果说兴趣是一个起点，那么持续的学习和能力的提升，是帮助陈博远逐渐清晰梦想，坚定梦想，并且实现梦想的必要环节。

一、能力的分类

能力是完成一个项目或一项活动时所体现出来的综合素质。能力是一个人独特性的重要组成部分，能力不仅仅是实现梦想的手段，同时，在每个人不同的能力特征中，也藏着一个人的梦想。

按照获得的方式，可以把能力分为天赋的能力倾向、后天学习训练得来的技能和认知，如图2-2所示。

图 2-2 能力的分类

能力倾向/天赋：每个人都有与生俱来的特殊才能（潜能），如音乐、运动、察觉细节的能力等。它是与生俱来的，也有可能因为未被开发而荒废。因此，它是一种潜能，没有被挖掘出来的时候只是一种可能性。比如在中国13亿人中，虽然不是每个人都能像杨丽萍一样跳舞跳得那么美，但一定有人同样具备杨丽萍那样的乐感和身体协调能力，只是他们从来没有机会去发展这方面的天赋。每一个人都是一个能力的宝藏，不去挖掘，永远不知道自己有多少潜能。

天才只是少数，而天赋是相对于多数人而言的。天赋要想转化成优势，必须经过专门的训练。天赋就像种子，播下种子后，需要按照节律适时施肥、浇水、除草、松土，而后才能破土而生，茁壮成长。

技能：是经过后天的学习和练习，培养而成的一种能力。

通常表现为某种动作系统和动作方式，如阅读能力、人际交往能力、表达能力等。在一个人的成长过程中，从什么也不会做的婴儿到能够生活自理，能够听、说、读、写的成人，其实我们每个人已经学会了无数的技能。

认知：认知就是对一些事情的看法和信念，认知决定了一个人是否能做成一件事，因为认知决定了如何使用包括技能在内的各种资源。

不知道大家是否发现，生活中有不少的"学霸"，学习了很多的知识，背过了很多的概念，刷了无数的题，考试也获得了很高的分数。但一回到现实的生活，就成了低能儿。比如有的学生地理可能考了100分，但外出旅行时不会辨认方向，搞不清岩石分类，不知道遇到山洪等灾害时该采取何种策略。因为在他们的认知系统里，知识就只是知识，只出现在考试中，不会灵活应用。

所以，知识本身的价值并不大，那只是资源，资源如何使用，才是关键。知识是死的，只有拥有调用知识的认知，知道学习这些知识有什么用、如何用时，知识才会起作用。有了认知的知识才会变成智慧，有了智慧统领的知识才是活的，才能真正为我们所用，才能更好地做成一件事。

天赋转变为优势，可以在过去的成就事件中挖掘，也可以在未来的探索中发现；技能的获得，必须经过大量反复的练习；

认知的升级,需要通过大量的实践,以及持续的观察和反思之后,才能实现。

在生活中,我们发现有的孩子语言表达能力强,有的孩子肢体运动能力强,有的孩子空间感强。同样是学习地理,有的孩子人文地理学得好、有的孩子自然地理学得好。这除了跟他们自己精力的投入有关,可能还跟他们具备不同类型的智能表现有关。

这里介绍一下加德纳提出的"多元智能"理论,从另外一个视角来看能力的分类。

加德纳,世界著名发展心理学家和教育学家,被誉为"教育领域的哥白尼"及"推动美国教育改革的首席科学家"。1983年,加德纳提出了多元智能理论,定义智能是人在特定情境中解决问题并有所创造的能力。他认为每个人都拥有八种主要智能:语言智能、音乐智能、空间智能、逻辑-数学智能、身体-动觉智能、自我认知智能、人际智能、博物学家智能。这八种智能在每个人身上以不同方式、不同程度组合,使得每一个人的智能各具特点。

语言智能:指人们对口头和书面语言的敏感程度,学习各种语言的能力,以及运用语言实现特定目的的能力,可以概括为听说读写的能力。诗人、作家、律师、演说家具有高度的语言智能。典型的相关专业有文学类、语言类、新闻传播类和教育类。语言智能在当今社会中越来越重要，但是在实际生活和教学中的重视程度还不够，各级各类考试中都会有作文题，但是对口头表达能力的培养还不够。使得一些孩子上了大学，受过高等教育，仍然缺乏语言表达能力。甚至有些大学毕业生成绩单非常优秀，但是面试时说话却吞吞吐吐，词不达意。

音乐智能：指的是音乐表演、作曲、音乐鉴赏等能力。表现为对音高、节奏、音调、音色和旋律的敏感，能通过作曲、演奏、歌唱等方式进行表达。这种智能在作曲家、指挥家、乐师等职业中有出色表现。相关专业有音乐类、作曲类、艺术教育、学前教育等。

空间智能：指人对色彩形状、空间位置的正确感受和表达能力，突出特征为对视觉世界有准确的感知，能产生思维图像，有三维空间的思维能力，能辨别感知空间物体之间的联系。建筑师、雕塑家、画家、发明家、航海员、围棋大师等职业与空间智能有关。相关专业有建筑设计类、美术学、设计类、地理科学、测绘类等。

逻辑-数学智能：涵盖逻辑分析能力、数学运算能力和用逻辑方法解决问题的能力。逻辑-数学智能，也被称为科学思维，是《中国学生发展核心素养》中提到的重要的科学素养之一。数学家、哲学家、科学家、精算师、统计学家、工程师、软件开发工程师、数据分析师等职业都擅长运用逻辑-数学智能。相关专业有理学类、金融类、统计类、哲学类、工程类等。

身体-动觉智能：指的是运用身体达成某种目的或解决问题，以及熟练地进行物体操作和制造产品的能力。这种智能在运动员、舞蹈家、演员、外科医生、手工艺者、机械工程师、地质勘探工程师等职业中有出色表现，相关专业有体育类、舞蹈类、表演类、土木类、地质类、临床医学类等。

自我认知智能：指的是认识、洞察和反省自身的能力，了解自己感情生活和情绪变化，有效辨别这些感情，并加以标识，形成理解自己和知道自己的行为准则。这种智能在心理咨询师、生涯咨询师、教师、社会工作者等职业中有出色表现。相关专业有心理学类、社会学类、教育类等。

人际智能：指的是留意他人之间的差异，观察他人情绪、性格、动机、意向的能力，能看到他人的意向和期待。我们可以在宗教和政治领袖、教师、心理咨询师、外交官、营销人员、作家、社会工作者身上看到人际智能的出色表现。相关专业有教育类、文字类、管理学、文学类、艺术类、心理学类等。

博物学家智能：指的是能观察环境中的动植物以及各种事物，进行辨认和分类的能力，表现出对自然和生物的友善与亲和性。他们在大自然中得心应手，与其他动植物和平共处，关系融洽。这种智能在农业科研人员、植物学家、地质学家、生态学家、考古学家、宠物医生等职业中有出色的表现。相关专业有生物科学类、地理科学类、动植物生产类、自然保护与环境生态类、林业学等。

不论何种文化背景的人，都需要运用多种智能的组合来解决问题。每个人都具有多种能力组合，创造出了人类能力的多样性。"整体大于部分相加之和"在智能组合上也得以体现，一个人可能在任何一种智能上都没有特殊天赋，但如果他将所拥有的各种智能巧妙地组合在一起，就能在担任某一角色时表现非常出色。

了解能力分类的同时，我们需要知道以下几点。

1）每个人都有自己独特的智能组合

多元智能是一种提醒，关注长板，发挥优势；关注短板，融入社会。多元智能的提醒就像木桶理论一样，有人说要发展长板，有人说要发展短板。其实我们已经知道不论长板还是短板都各有价值，我们不去争论。但是我们更要知道的是，至少不能在现实的环境里因为缺陷而影响优势的发挥。比如，有的学生喜欢艺术，就只想做艺术生，但不能因为文化课成绩不够，而失去继续学习的机会。

2）不同的专业、职业也有不同的智能要求

比如，地理科学专业对空间智能、博物学家智能和逻辑－数学智能要求比较高；建筑师及雕塑家的空间智能和逻辑－数

学智能较强；运动员和芭蕾舞演员的身体-动觉智能较强；销售人员的人际智能较强；作家的自我认知智能较强等。

发现并发挥自己优势智能就能使生涯发展事半功倍，而在先天不足的领域里则要比平常人多付出很多的努力。因此，在成长过程中，我们要充分发挥优势，清楚先天的限制，避免长期在不擅长的领域里煎熬，寻找能够充分发挥能力的专业和职业，体验充满成就感的激情人生。

3）随着职业的发展，对相应智能的要求也会发生变化

比如，教师职业，信息化时代的学习革命，几乎重新定义了每一种知识的分享形式，不再局限于面对课本和做一些简单的实验，也不再是被动地查找信息资源。教师们需要及时跟踪数据和信息的迭代，改进教学计划，优化教学过程，同时能够关注学生的个性化学习过程。此外，还要学习使用最新的教学手段和信息技术，比如微视频制作等。对智能的要求不仅是语言智能和具体学科知识，对逻辑-数学智能、音乐智能、人际智能和自我认知智能都有要求。

所以，能力的发展需要持续一生。

二、能力的作用

在梦想教育中，能力有三个作用。

首先，能力可以定义梦想。有些人在某些方面会表现出非

同寻常的天生特质，这些特质本身可以让他们热情投入，可以为他们带来快乐，也会因为他们的卓越表现而带来巨大的成就。这些能力特质的表现，就是梦想的一部分。

我们对这些人并不陌生：善于奔跑的刘翔、喜欢音乐的周杰伦、勤于笔耕获得大奖的刘慈欣、华裔科学家张首晟等，他们是我们同时代人中的杰出代表。他们的能力特征很明显，甚至被称为天才，他们也正是沿着这些特质奔向自己的梦想。

其次，能力是发展梦想的必备条件。一个人不管如何天赋异禀，都需要经过努力才能实现梦想。这也是为什么爱迪生说"天才，百分之一是灵感，百分之九十九是汗水"。只有持续努力，才能让天赋得到培养，变成优势。运用优势，才能在职业中有所发展，才能取得巨大成就，才能实现梦想。

经过辛苦努力，发展能力，进而实现梦想的天才不胜枚举：弹钢琴的郎朗、打篮球的姚明、科学家霍金、作家莫言等。在民间，也有各种谚语来歌颂勤奋。其实，勤奋是一种态度，也是一种状态，而能力的提升，是勤奋的结果。对于一般人来说，更需要关注能力的提升。

最后，也是最重要的，能力影响实现梦想的信心。在心理学中，人们把完成某种工作或者任务的自信程度叫作自我效能感。面对一项任务时，人会无意识地产生自我效能感，即会自动评估自己有没有能力完成这项任务，也就是我们常说的自信心，在这个基础上产生情绪反应，并会以一种积极或消极的思维去思考问题，并对行动的结果进行预测。

自我效能感高的人会积极地尝试各种活动，通过实践使个人的能力得到不断的提升。自我效能会直接强化一个人获得梦想的信心，一个人越有能力，他实现梦想的信心会越强。相反，自我效能感低的人则避免挑战性的任务，最终也会丧失许多潜能开发的机会，影响梦想的实现。

父母和老师可以从以下几个方面帮助孩子提升自我效能感。

一是设置难度适中的生涯目标。台阶式地发展相应能力，既能完成任务，又有一定的挑战性，帮助孩子在实践中获取和积累成功的经验。

二是帮助孩子回顾过往的成功经历，反思自信心和自卑感的来源，学会积极的归因方式，促使孩子提升自我效能感。

三是为孩子树立积极的榜样，特别是发现身边的榜样。比如，学校可以举办优秀校友经验交流分享，学习背景类似的校友榜样会让孩子产生共鸣，对生涯发展起到引领作用，提升孩子的自我效能感。

四是提供环境支持。孩子的生涯发展不仅需要整合自身资源，同时也需要充分挖掘环境中生涯资源的支持，促进目标达成，提升自我效能感。比如寻求老师的指导，自学相关书籍和课程等。

为了让能力发挥作用，我们需要加深对能力的认知。

第一，每个人都有自己的天赋，但是从天赋到优势，还需要很多的努力。比如，有的人擅长数学运算和逻辑推理，有的人擅长语言表达，这些都是能力差异的体现，就是所谓的天生我材必有用。从事任何职业都需要一定的能力，拥有相关能力是顺利进入某个职业领域的先决条件。

可以通过榜样对标学习、刻意练习、实践运用等方式，将天赋转化成能力和优势。实现梦想之路不是一帆风顺的，我们可能会经历大大小小的风浪和波折，而能力的提升则可以让我们勇敢地面对困难，愈挫愈勇，强化实现梦想的信心。

第二，能力是发展出来的，不是一开始就确定的。能力的发展包括各方面的发展，比如知识的储备、技能的刻意训练、专业实践等。天赋需要在历练中发现、培育，需要通过创造成就，才能发展成优势。天赋虽然是与生俱来的，也有可能因未被开发而荒废。

就像土地里的种子，在没有破土而出的时候，不知道它是参天大树，还是迎风摇曳的拂柳，所以需要浇水、施肥、除草。发现自己的天赋并在自己的天赋领域里努力学习，不断提高自己的能力，对一个人的生涯发展非常重要。

第三，在天赋较强的领域里更容易有所发展。每个人都有自己的天赋，这些天赋经过一段时间的探索就会被发现。有的孩子喜欢各种动手的操作，比如乐高玩具。有的孩子喜欢语言表达，比如讲故事。开发喜欢和擅长的领域，会让孩子更容易获得正面反馈。

只有在那些有持续正反馈的领域里，学习起来才会更加得心应手，一个人的能力提升才会更加迅速，也容易获得自信和取得成绩。比如一个从小喜欢使用工具的孩子，非逼着他选择自己不擅长的理论研究，在今后的专业学习中因为体会不到学习的成就感和快乐，可能会碌碌无为地过这一生。反过来，一个对音乐敏感的孩子，如果持续进行音乐的训练，就更容易获得成功，歌手周杰伦就是一个例子。

第四，能力是一个人获得价值的方式。不管是物质回报，还是被他人认可，成就感、荣誉、社会地位等都是要通过能力去获得的，想获得这些价值，就需要通过能力去给别人提供对方所需要的价值，才能获得相应的回报。个体在各项能力上的强弱，决定了适合的工作岗位。理想的职业或者岗位意味着能最充分地发挥自己的特长，体现自己的价值，提升生涯发展的成就感。

作为老师和父母，帮助孩子了解自己的能力，在学习和工作中，不断强化自己的天赋能力，并将其转化为优势，使其真正体会到专业学习和职业带来的价值和成就感，才能坚定实现梦想的信心。如同《现在，发现你的优势》一书中所言，"对无数优秀人物的研究让我们发现一个惊人的共同点,他们各自有各自的缺点,但是每个人都有一个共同点,就是把自己的优势发挥到极致"。

三、能力的探索与培养

除了持续学习和参加技能培训,从生涯的视角来看,我们可以阶段性地针对能力进行探索,并进行梳理和分析,从而形成更为明确的自我认知。

对于孩子的能力探索和培养,要注意以下几点。

1. 关注能力的发展性,不要断言孩子的未来

作为教育者,对能力要有这样的认识:没有谁是一成不变的,能力可以通过训练得以提升,特别是孩子,有无限的发展空间,教育者需要搬开孩子对自己能力的认知障碍。

作为教育者,不管是父母还是老师,不要轻易给孩子下定论,不要讲"就是反应太慢""不够灵活""阅读不行"之类的话。当孩子给自己下定论的时候,要帮助孩子看到更多的可能,看到更多的方向,突破认知障碍,获得成长。

比如,孩子说"我就是不善于表达"时,我们可以和孩子一起分析:为什么这么说?具体的场景中,一定是孩子遇到了挫折,那么,克服这样的挫折,需要什么具体能力?这样的能

力如何拆解？有什么训练的方法吗？这样的训练需要多久？可以找一些什么资源来支持？经过这样的分析，孩子就不会因为一些具体事情而对自己整个人进行否定了。

2. 关注短期目标，也要看到长远方向

生涯的视角就是要关注更远的一些目标。我们都知道，对于学生来说，学习文化知识很重要；参加考试，取得好成绩很重要；高考取得好成绩，进入理想的大学很重要。同时，把眼光放得远一些，将来能够选择自己喜欢的职业也很重要；在职场上有足够的胜任力也很重要；能够生活得幸福也很重要。这就需要在能力的探索与培养中，尽量关注更长远的能力提升。

比如在学习中免不了背诵记忆，免不了应试刷题，这些都是孩子必须面对的，记忆、应试这些都属于达成短期目标需要提升的能力。与此同时，我们还要关注孩子长远发展所需要的能力，比如信息检索与收集能力、自我管理能力、创造性解决问题的能力、团队协作能力等。这些能力虽然不会在考试中集中明显地呈现，但在未来的生涯发展中会发挥更大的作用。

3. 注意培养和挖掘更多的优势，帮助孩子提升信心

影响一个人成就大小的，不只是客观可见的能力，还有心理因素，对自己充满信心的人，就更容易成功。所以，我们要

学会帮助孩子建立信心，比如通过赞赏和鼓励。

有一种切实可行的方法来帮助孩子积累信心，就是记录"成就日记"。帮助孩子发现每天有成就感的事情，并记录下来，如果没有，不妨去创造。成就故事不见得就是惊天动地的大事，可以是生活中让人有成就感的具体事件，这些"成就事件"可以是学校内发生的，也可以是在课外活动或家庭生活中发生的，比如同学聚会、一次美好而难忘的旅游等，只要有成就感的体验和感受就可以。

记录成就故事可以按照"成就感的来源，与众不同的地方，在其中付出了怎样的努力，能让你坚持不懈的理由"这四个方面去记录，这其实是一种引导孩子去持续进步的方式。

成就感的来源，指的是学识、技能、认知、品质、资源、机会等。这件事中，所表现出的与众不同的地方，从中可以看到一个人独特的优势。分析所付出的努力，可以认识到，过程比结果更重要，努力同样是独特性的表现。而对于坚持不懈的原因进行分析，意味着一个人在这件事中所看重的价值，以及表现出来的卓越品质。

在成就故事的分析和记录中，可以看出一个人的特质，比如兴趣所在、独特个性、优势能力等。这些发现不仅有利于孩子对自己的认识，同时，也在对成就的细致体验中，增强了信心。

4. 注意培养能力价值意识：能力换来自由度

要让孩子知道，能力是职场上的硬通货，也是一个人自由的资本。每个人都会受到现实因素的种种影响，唯有提升能力，才能获得更大的空间和自由度。比如同样是大学同学，为什么有的同学在大学毕业时，有好几家用人单位同时伸出了橄榄枝，而有的同学投十几份简历，却石沉大海，杳无音讯。这其中的差异，很大程度上取决于能力的不同。想要更自由，就需要具备更强大的能力。

对于能力的认知，可以帮助我们更好地发现优势，也可以增强实现梦想的信心。重要的是，我们从此开始有计划地进行能力培养。

性格探索：丰富实现梦想的方式

就像世界上没有两片完全相同的树叶一样，每个人都是生而不同的，每个人都是独一无二的。比树叶更为复杂的人，则有更多的不同之处，都有自己的性格，正是不同性格的人构成了这个丰富多彩的世界。

我们常说"江山易改，本性难易"。性格也被称为本性、秉性。性格是人对现实的稳定态度（不因对象和环境的变化而变化）和习惯化行为方式（最自然、最本能的条件反射）的总和，表现为个体独特的心理特征。

作为一种相对稳定而又极具个人特色的心理特质，性格通过个体对人、对事的态度和习惯化的行为方式来展示自己独特的存在。别人通常怎样评价你？"活泼"还是"沉静"？"细腻"还是"大大咧咧"？这些形容词常常和一个人的性格有关。

当我们了解了一个人的性格的时候，我们就会恍然大悟,"哦,原来是这样",就不会再执着于"为什么他不听我的""他怎么就不能这样",就会更理解、接纳自己的孩子,将更多的精力聚焦于如何有效地沟通上,这将会为你带来惊喜。

一、性格的价值

我们终其一生都在了解自己,而性格是我们了解自己的过程中的一个神秘特质。那么,我们为什么要认识自己的性格呢?这对于一个人的成长和发展有什么意义?

通过了解自己的性格特征,进而明确自己喜欢的方式,从而选择适合自己实现梦想的路径。

全面深刻地理解不同的性格类型及其天分差异,必然有效地减少对于这些天分的误用或埋没,个体的潜力将得到更有效的发挥,宝贵的机遇将得到充分的利用。无论生活状况如何,无论人际关系与职业发展如何,也无论你肩负怎样的责任,理解性格类型都将使你的感知更加清晰,使你的判断更加准确,你就能选择自己更适合的路径,进而实现自己的梦想。

性格一经形成便比较稳定,但并非一成不变,而是有可塑性。 每个人生活在社会之中,在成长历程中,受到生理、遗传、家庭教养、文化、学习经验等因素的交互作用而形成自己独特的个性。性格也是可塑的，这样的认知可以让我们对性格的认知和塑造保持弹性，虽然我们无法彻底改变自己天生的性格，但是我们了解了自己的性格特点，就会时常提醒自己经常忽略的部分，比如外向的人常常为了让自己痛快而喋喋不休，殊不知往往剥夺了他人的话语权，这时我们要保持警惕，给他人说话的空间；内向的人往往因为思考得多而丧失机会，这也提醒我们要抓住机会。

在自我认知的过程中，在建构梦想的过程中，在进行梦想教育的过程中，认知性格，有以下这些价值和作用。

1. 了解自己，接纳自己

我们了解自己有什么样的性格特征，可以更好地去接纳自己的性格特点。比如在一个陌生环境里，外向性格的人容易与大家结识，于是，很多人就会觉得还是外向性格的人受欢迎。那是不是说性格内向就不好？其实不见得，关键看是怎么使用。比如，内向性格的人在聚会中会保持对环境的敏感和观察，会及时发现每个人的特点，也就容易和他人建立更为密切的连接。

有一位朋友，因为自己性格内向，不太会主动和别人交往而感到苦恼。因为他认为大家都喜欢开朗、外向、容易相处的人，而不喜欢内向的人，所以很长时间都陷入了自我否定的泥潭中。

后来接触到了性格学理论，他才初步认识到世界上的人有很多类型，但没有孰优孰劣之分。偏内向性格的人，只是说明更享受一个人独处的时光，而不代表自己就不能在公众面前自如地表达，在需要的情况下，也可以去主动连接他人。意识到这些，他才慢慢地接纳自己，而接纳自己才是改变和优化的第一步。现在他已经可以很自如地在众人面前表达自己了，也享受由此带来的改变。

2. 找到适合自己的学习和工作方式

对自己的性格特征有了深入的了解，就会更加清楚适合自己的沟通方式、学习方式和工作方式，也才会找到更加适合自己、让自己发挥价值的方式。

比如，有的人在学习的时候特别喜欢小组学习的方式，需要营造一个场域、一种氛围，学习的热情才能被点燃。而有的人则需要安静、独立的环境，才能静下心来深入思考。有的人学习的时候需要用图表的形式才能记住一些知识概念，建立知识的内在联系等。这都与自己的性格有很大关系。

3. 接纳他人，合作愉快

一个人接纳了自己，也就更容易接纳他人，会理解不同人的不同性格特征，也会尊重别人的行为方式、沟通方式。即便暂时不理解，也会尝试去沟通，透过表面的行为表现去理解背后的想法。这样的态度，源于对性格的了解，更是源于对个性的尊重。

比如，和一个外向性格的人共事，他可能是那种喜欢用张扬的风格和别人聊天说话的，所以就需要给他表达的空间。如果能够更好地理解他，那么你们就能够更好地进行合作。再比如，有人特别理性，看重逻辑呈现，他们并非不看重感情，只是呈现方式与感性不同。这时候，如果他是客户，就要注重呈现出逻辑严密的一面，要结果导向，这样才容易获得认可。同样，作为教育工作者，只有了解了不同学生的性格特点，才能因材施教，取得成效。

金无足赤，人无完人，人与人之间存在差异是必然的。性格理论能够帮助我们看到这种差异，缓解冲突和减少矛盾。感觉型的人关注计划是否切实可行，思考型的人重视计划的系统性，情感型的人会考虑计划是否人性化，而直觉型的人则希望看到这一计划在未来的成长和进步空间。这些愿望都是非常合理的，如果我们对彼此的愿望报以理解和善意，这些愿望就都有希望成为现实。

性格类似的人可能会更容易彼此理解，此时，要注意可能存在的共同盲区，互相提醒注意。即便是自己喜欢的性格，也要彼此保持距离，给对方足够的空间。比如，两个同为外向性格的人相处，一定要照顾到对方也是有表达欲望的，要给对方留有表达的余地。把对相似性格的理解当作一种支持，作为共同前进的润滑剂和动力。

性格没有好坏优劣之分，每个人都有擅长的方面，也都有可以提升的方面，当我们认识到这一点就能更好地接纳自己、理解自己，接纳他人、尊重他人，让人际关系变得更加和谐。

二、性格的探索

心理学中的各种性格理论以及性格分析工具，是我们认知自己性格特征的重要工具。每一种工具都对性格有不同的划分维度。这些性格分析工具从我们平时的行为中、言语中、思维模式中提炼、分析，对应到不同的划分维度，最后总结出我们的性格特征。这些总结是对我们不易觉察的特征的抽象和发现，也是对我们习惯行为的预测。

常见的性格分析工具有：MBTI、DISC、九型人格等。至于每种性格分析工具的具体用法，市面上有相应的专业书籍进行讲解，本书就不再赘述。这里，针对性格分析工具的使用提出一些注意事项。

第一，每种性格的划分方式都各具特色，没有孰优孰劣。

有时候，出于某种商业目的，一些性格分析工具的传播者会大肆宣扬某种工具。而学习者"先入为主"，学习了某种性格类型的分析方式，也会喜欢这种分析工具，并主动传播。这些都无可厚非。但是，如果因此非要说哪种工具是"最好"的，那就言过其实了。

每种性格分析工具都有其各自的适用场景，都值得学习和研究。而且认识性格的工具尚在发展中，我们要学习不同的分析方式，一定不要被片面的评价限定了。

第二，所有性格划分的方式都是在增强我们对于自我的了解，而不是为了标签化。

我们要知道，每个人的性格都特别复杂，会同时具备很多特征，也会在不同场景、不同时期呈现出不同特征。特别是，这样的复杂性还表现为，有些特征是我们所知道的，有些特征是尚未表现出来的。

所以，我们了解了性格类型的划分之后，千万不要给自己贴上标签：认为自己就是何种类型，过去如此，将来也不变。随着阅历的增长、经验的积累和环境的变化，我们对性格的认知也是一个不断深入和扩展的过程。

我们同时也具备很多特质，只是有些强一些，有些弱一些，有时候在不同的环境下表现出不同的特质。即便是性格分析工具中看似相对的两个维度，也不是非此即彼的关系。外向性格特征明显的人，也有内向的表现；理性性格特征明显的人，也有感性的时候。在现实生活中，每个纬度的两个方面都会用到，只是其中的一个方面用得更频繁、更舒适，就好像每个人都会用到左手和右手，有人是左撇子，有人是右撇子罢了。

第三，每个人都是特别复杂的整体，我们对于自己的探索会持续终生。

我们现在对自己性格的认知，是基于过往的经历和面对当下问题解决时的行为习惯和态度。将来在更多的场景和机会中，还有一些特质可能会持续发展出来，有些可能会隐藏起来，有些会新出现，有些会融合，所以我们需要持续探索。另外，性格在不同场景里的体现可能也会不同，所以要对自己保持更多的开放性。

三、性格的优化

性格没有对错，每一种性格类型都有其独特的优点，都有其适合的工作方式、沟通方式、学习方式，也会与特定的专业和职业要求相对应。例如，从事财务工作，需要细致谨慎；从事销售工作，需要热情主动；从事技术工作，需要理性逻辑。于是，具备了不同性格特征的人，在不同事情上就会自然地有不同表现。值得注意的是，我们每个人都具备多种性格特征，完全可以自我调整、整体优化。

性格的优化需要把握以下两点。

第一，不要以某种特征作为自己的借口，给自己贴上标签，而拒绝调整。

比如有人学了性格理论以后，会说："你看我就是内向的人，所以我就不应该做营销类的工作。"此时，这种判断就成了不去提升沟通能力的一个借口。内向性格特征与沟通能力没有必然关系，只和沟通方式有关系。拒绝改变的人，不可能优化自己的性格。

每个人都有自己的性格特征，但是在行为上都是可以调整的，不要让性格特质成为限制自己的理由。尽管有人具备直觉型的性格特征，天生就更加关注可能性，而不是关注事实和证据。但如果全凭直觉做事，很容易铸成大错。

另外，不管是什么性格特征，都不应成为伤害别人的借口。比如，有人说，"因为我是一个外向型的人，所以我特别爱表达，不用在乎旁人的反应"。更常见的是有人说，"因为我性格特别直，所以我就直接说"。其实，这就是在利用"特征"伤害别人。

第二，分析自己的性格特征，发挥优势。

分析自己的性格特征进行性格的优化，要关注这些问题：这样的性格特征可以带来什么？如何发挥运用？需要注意什么？

有些人特别重视和谐的人际关系，富有同情心，能恰当表达自己的情感，理想主义，待人忠诚。这样的性格特征可以带来和谐的人际关系和建立良好的支持系统，非常适合需要与人打交道的工作，可以在团队建设、调动成员积极性等方面发挥更大的作用。需要注意的是，有时可能过于关注人们的感受，而忽视理性规则的作用。

只有给自己的性格特征找到一种舒服的呈现和表达方式，放在适合的环境中，才能让自己发挥最大的价值。

价值观探索：确定梦想的方向

小铭是一名高三毕业生，在填报志愿时，他犯了难：自己喜欢地质学类的专业，可是家人认为学地质学类专业的人经常跑野外，风吹日晒，太辛苦，并且顾不上家庭，不利于家庭的稳定。家人希望他报管理类专业，毕业以后从事管理工作，不用风吹雨淋，待遇更好。是选择自己喜欢的专业还是选择以后就业有"钱途"的专业，他到底该怎么选？

人的一生中总要面临各种选择，小到买什么样的衣服，到哪里吃饭，大到高考选科、志愿填报、恋爱交友、就业选择、工作变动等，无不涉及选择问题。是选择就意味着有至少两个以上的选项，就像人站在岔路口，面对着不同的道路，思考该往何处去。

每一次选择，都是对自己价值观的审视。每一次选择都是在资源、能力和机会不足的情况下的主动取舍。每一次选择都意味着不同的道路和风景，带来不一样的体验和结果，甚至有些选择会影响一生的方向。

想要奋斗的生活，还是舒适的生活？更渴望自由和独立，还是希望在一定的标准和规则下行事？更喜欢稳定和安全，还是更期待变化和冒险？希望持续地有所成就，还是更想维持内心的宁静祥和？这些，都是价值观的选择。

一、什么是价值观

生活中我们常常面临一系列的选择，"鱼与熊掌不可兼得"的情况常常出现。这个时候在你心中什么是重要的，什么又是不重要的，每个人心中都有一杆秤，那就是我们的价值观。**价值观是个体关于什么是有价值的、值得（做）的一系列信念，是指导个体对于人、事物与行动进行选择与评估的内心尺度，**如挑战性、稳定、自由、成就感、自我实现等，它指向我们一生中最重要的东西，是个体行为背后的深层动机，对个体的生涯选择和发展起到重要的激励与影响作用。每一次选择，其实都是在定义和强化你所遵循的价值观。

价值观在不同方面有具体的体现。比如，职业价值观指的就是人生目标和人生态度在职业选择方面的具体体现，其中，反映了一个人对职业的追求，对自我价值的评估，对自我实现的定义。

生涯价值观超出了职业的范畴，在生涯价值观系统中，一定有关于家庭方面、生活方面、自我成长方面的考虑，还有各方面之间的关系与平衡，以及对愿景和使命的思考。

值得注意的是，价值观虽然相对稳定，但是也有调整。有时候，价值观会有阶段性的调整，这和年龄相关，比如对二十多岁的年轻人来说，可能更看重成就感，而六十岁的人可能就会关注健康和自我的平衡。价值观有时候会是偶然性的调整，这和突发事件相关，比如，经济形势好，实现了财富自由，价值观中原来对财富的追求，就会被更大的价值实现所代替。

对青少年来说，他们的价值观尚未确立，甚至没有完全形成。作为教育者，千万不要以成年人成熟和固化的视角来分析判断孩子的价值观，而是要唤醒他们对价值关注的意识，同时帮助他们塑造和澄清价值观。

二、价值观的作用

1. 方向选择

认清了价值观，就会很自然地把它们融合到生涯选择过程中，以求做出有意义和令人满意的决定。如果说兴趣、能力是生涯发展的帆，那么价值观就是舵，它指向我们一生中最重要的东西，决定我们的发展方向。一个没有方向、没有目标的小船,不是南辕北辙,去错了地方,就是被海浪打在沙滩上,更惨的是沉没于大海中。作为老师和父母,你是否清晰你想要的是什么?你怎么才能知道自己想要的是什么?如何才能明白为什么孩子会有这样或那样的举动和选择,他们在追求什么呢?

2. 价值激励

价值观还是一套自我激励机制,它指向一生中最重要的东西,对个体的生涯选择和发展有着重要的影响。换句话说,一个人的决定将建立在他最重要的人生目标基础上,如果决心沿着自己选择的道路走下去,坚守价值观,即使在最困难的时刻,也能为了梦想目标而竭尽全力。

清晰了自己的价值观,最直接的作用,就是不再被周围的环境所裹挟,也不会为内心的欲望所诱惑。可以将这样的价值具体化为一些目标,通过达成这些目标来获得价值。这样,人们就会有一种发自内心的满足感、幸福感。这是一种自我激励,也可以用同样方式对他人进行价值激励。在生涯教育中,支持孩子获得渴望的价值,无疑是最有效的激励方式。值得注意的是,这是内心的价值,而不是表面的欲望和暂时的需求。

3. 规避风险

通过价值探索，我们也会发现自己最不喜欢什么，最不想要什么，那是因为一些事情和方式破坏了我们看重的价值，我们就会自觉地去规避它。

比如，特别看重安全感，所以在选择的时候一定会规避那些安全感不够强的选项。如果最看重的是成长空间，在选择时可能看重这个组织提供的成长空间有多大，有什么成长平台、资源、途径，而成长空间小、资源少、机会少的组织可能就不会去选择。

4. 成就梦想

在追求的价值当中就有梦想。追问自己的内心，想要的价值是什么，进而寻找通过什么方式或者设定什么目标可以实现这样的价值。此时，梦想就会出现。

比如，想要的是创意，要自我实现，那么做一个设计师可能就是一个梦想。如果不喜欢，再换一个可以满足这些价值的目标，比如作家、营销专家。把价值追求和能力等其他方面结合，就会出现很多可能性。

通过价值观的培养，可以把握梦想的方向。"现在的自己"和"未来的自己"之间，有一条旅途，需要你跋涉。这条路，不一定平坦，不一定顺畅，不确定能不能走完全程。但是，有一些东西会一直伴随着现在的自己和未来的自己，会提供动力，会影响人生路上做出的每一个决策，这些东西就是"价值观"。一般情况下，很难看到它、触碰到它、感受到它，直到遇到困难、挫折、痛苦的关键时刻，它才会显现。

每份痛苦的背后，都有看重的价值观在潜移默化地影响着你。每份痛苦，都是在提醒你向内看，看到你心里无法平衡的那些需求。当我们不断地澄清和培养价值观的时候，梦想就逐渐清晰起来。

三、价值观的探索和塑造

价值观是一种抽象的表达，超越了具体的行动和环境；它来自我们对内心感受的评价，没有对错，只有真实与否；它提供给你工作与生活的内驱动力，是关于"什么是重要的"观念。价值观虽然在人的生涯发展中如此重要，但并不是所有人都清楚自己的价值观是什么。我们来看看怎么探索和塑造价值观。

1. 价值观的探索

在过往的每一次选择经历中探索价值观。

既然价值观决定着选择，那么，过去的每一次选择中也体现着一个人的价值观。对成年人来说，把过去的重大选择列举出来，认真分析一下每次选择的原因，提炼出做选择的原因关键词，就可以找到自己的价值观。

而对于孩子来说，一方面阅历尚浅，做选择的机会比较少，另一方面，有限的重大选择，多数是由父母和老师帮着做出的。明白了这一点，作为父母和老师，就要创造一些条件，让孩子自己做决策，提升他们的决策能力，这也是在慢慢塑造和明晰孩子的价值观。

如果没有那么多的决策机会，可以通过模拟场景的方式来探索价值观。

比如创造这样一个场景：如果乘坐时光机到了十年后，你希望的理想生活是怎样的？理想职业是怎样的？对未来场景的描绘可以打开脑洞，丰富可能性，从孩子对未来的描述中，可以分析出来其价值观。对于孩子来说，还可以通过画画、讲故事等手段来展望未来，这可以激发潜意识，丰富想象力，为实现愿望提供力量。

2. 价值观的塑造

在成长发展过程中，青少年时期是自我认知和辨别能力都还不足的时候，价值观具有不稳定性。作为父母和老师，要帮助孩子培养和塑造价值观，而非固化孩子的价值观。

学校里的各种德育活动都是在塑造孩子的价值观，比如学雷锋活动、爱国主义教育活动、缅怀先烈的活动、主题阅读活动等。这些活动都是在用积极的方式引导和培养孩子的正面价值观，这里就不多赘述。除此之外，在生涯教育中，我们还可以重点关注以下几点。

(1) 树立榜样人物

树立榜样人物是以他人的高尚思想、模范行为和卓越成就来影响学生价值塑造的重要方法。我们可以为孩子提供各方面的榜样，比如，在各行各业做出贡献的榜样，"感动中国"十大榜样人物，还可以是身边勤奋学习的榜样、为社会志愿服务的榜样、尊敬师长的榜样等。

可以与孩子沟通喜欢、钦佩、仰慕榜样的品质与特征，这也是我们自己喜欢的、向往的、期待拥有或者实现的，是一个期待中的自我形象。所以，在向榜样学习的过程中，你选了谁，欣赏谁的什么品质与特征，都是价值观的影响和塑造过程。

有位老师分享过自己的一个经历，她做班主任时，每次月考后，都会给学生放一部电影。曾经放过一部电影《美丽心灵》，这部影片讲述了数学家纳什与疾病斗争，在博弈论和微分几何学领域潜心研究，最终获得诺贝尔经济学奖的故事。这部影片打动了好多学生，毕业时，这个班级的38名同学，仅在中国科学技术大学读书的就有7位。后来，这位老师才知道，很多学生是因为这部影片产生了投身科学的想法。

(2) 营造积极的氛围

不管是学校班级的环境建设,还是家庭的日常沟通,或者是看到的书、电影、娱乐节目,或者是结交的朋友伙伴,参加的假期活动,都能够或多或少地影响孩子的思想和认知,进而会对价值观塑造起到作用。

一方面,注意积极引导。让孩子看到更多积极正向的内容,从而建构一个正面的思想世界。另一方面,也不必对一些偶尔遇到的负面信息过度担心,要把那些信息当作可以讨论、反思、澄清、辨识的素材,帮助孩子建立起更加稳固的价值观系统。

(3) 建立多元评价标准

评价标准,重在评价一个人的行为活动是否符合社会和时代发展的要求,是否通过实践促进了历史的进步,是否通过劳动对社会和他人做出贡献。评价标准对人的行为起着规范和导向作用。简单说,评价标准就是让人们知道,什么是好的,什么是不好的。

比如,在学生阶段,一种重要的评价标准就是考试成绩,在很多场景下,"好学生"就等于"考试成绩好"的学生。这些年,评价标准逐渐丰富,人们开始更多关注孩子全面的能力,未来的发展度,以及人际关系处理和情商,独立程度,还有道德品质等。因为人们发现,唯分数论的评价标准比较短视，学生阶段过后，马上就要换一套新的评价系统，这就提醒我们要尽早开始关注和培养孩子更为全面的能力。教育者至少要帮助孩子关注多样化的标准，进而可以多一些选择的从容。

(4) 建立价值反馈系统

教育者都善于使用价值反馈体系。表现得好了，给予奖励；表现得不好，给予惩罚。这是从孩子上幼儿园就开始做的事情，这也是帮助孩子逐步社会化的重要部分。通过反馈系统，让孩子知道，什么事情该做，什么事情不该做，这就是在直接塑造孩子的价值观。当个体的价值观能及时得到肯定回复，它可以让个人获得成就感，进而强化自己的价值观。如果是负反馈，个体就可能会反思自己的价值取向，进而重新调整自己的价值观。

四、价值观的澄清

我们经过价值观探索知道了自己的价值观，然而，一个严肃的问题来了：那些真的是你的价值观吗？在生活中常常有以下两种误解。

第一种误解：分不清工具价值观与目标价值观。有一位妈妈，她在梳理自己价值观的时候，排在第一位的是"孩子的成长"。为此，她也确实做出了很多努力，包括搬家、辞职、自学心理学、每天的固定陪伴时间等。但是认真分析下来，她忽然发现，她希望在教育孩子的过程中实现自我成长，以弥补自己成长过程中的缺憾。

发现了这一点，她忽然明白，原来可以有很多种方式来实现自我成长，而关注孩子的教育，并不是唯一的方式。反倒有可能因为自己的过度关注，而让孩子有过大的压力。发现了更为深层的价值观，会给我们带来更多的可能性，也会让我们不再被当下的问题所困扰。

第二种误解：他人的价值与自己的价值混淆。比如，很多人将"成就感"作为自己最重要的价值观，追求成就感并无不妥，但是如果你追问他，怎么样才能获得成就感呢？他们的回答往往是"被社会认可""被更多的人认可"。对孩子来说，考试成绩好就是成就感的重要来源，因为这个最容易被认可。关键是，每个孩子有不同的兴趣和天赋，如果都把目光盯着别人认可的考试成绩上，就有可能失去自己的重心，失去更多的发展机会。

那应该如何澄清自己的价值观呢？可以通过以下几个方面来进行澄清。

1. 兼听则明

多听不同的观点，在不断的辨析中帮自己澄清价值观。那如何帮助孩子澄清自己的价值观呢？有一种有效而简单的方式：在学校里组织辩论赛，把当下的社会热点问题拿出来，让孩子们进行辩论。特别是那些与孩子们相关的一些话题，他们更是有话可说。通过辩论赛的方式，不仅可以训练孩子的思维能力、语言表达能力、信息检索能力、团队协作能力，而且在你来我往的唇枪舌剑中，问题越辩越明，由此，孩子也可以慢慢发现自己最看重的价值。

2. 充分体验

只有更多的切身体验，才会有真实的感受，才知道这是不是真实的价值追求。这样的体验不要只是浮于表面的想象，如果只是浅尝辄止，可能也不会得到深入体验之后的真实价值表达。

比如，有的学生喜欢旅行，想做导游，于是就报考了旅游管理专业。在他们眼里，导游不仅可以游览祖国的大好河山，还可以顺便挣钱。但是，等到他们真的做了导游后，才发现导游工作中的酸甜苦辣：为了节省房费经常半夜带队出发，在车上过夜；一到目的地顾不上休息，先安排早餐、游览行程；旅行期间，旅客的安全和一些突发事件都需要自己解决，还要经常面对旅客的各种诉求等，这是对自己能力的极大挑战。如果看重的价值恰好是"富有挑战性"，这个工作能满足你的价值需求。如果看重的价值是轻松、愉悦，那这个职业或许难以满足你的需求。只有体验过，才可能找到最符合自己内心追求的路径和实现方式。

3. 呈现纠结背后的考虑因素

在我们做选择的时候，经常会出现一些纠结。如果把纠结背后考虑到的因素都呈现出来，那么，自己看重的价值也就出现了。此时，再做排序、做筛选、做取舍，就能不断澄清自己的价值观系统到底是怎样的。

价值观的选择，往往是在资源受限的情况下的选择。越是在资源、能力和机会不足的情况下，越是在夹缝中的选择，才越能看清自己真正看重的价值观。在资源不足的情况下做选择，也是一种价值观澄清的方式，让我们知道什么是最重要的。

比如，孩子选择学校，成绩对应的那一档有几所学校供选择：是选择离家近的？还是名气大的？还是熟悉的同学多的？还是某个科目教师实力强的？在这样的选择过程中进行价值澄清，对孩子决策能力的提升就很有意义。

4. 行动代表了选择

有人在面对艰难选择的时候，常常会通过抛硬币来决定何去何从。其实，抛出什么结果不重要，在硬币掷向空中那一刻，自己内心的决定就出现了。不想交给随机性，那就交给自己，只是通过抛硬币逼了自己一把而已。

这其实就是用时间点倒逼自己做选择，我们知道内心中有价值纠结，往往不愿面对而已。所有的纠结背后，都是在面对一个难题——希望获得更多，但是资源不足。时间到了，必须要做个选择，必须要去行动了，会怎么做呢？最后的行动也代表了选择的那个价值，这也是一种价值观澄清的方式。一个人价值观是通过如何使用时间、精力、金钱和其他资源来反映的，是通过如何生活来反映的。

这一章讲了通过兴趣、能力、性格、价值观等维度进行自我探索，也分别讲了这些维度与梦想之间的关系。整合起来看，这些维度通过对自我认知的丰富，在建构梦想的过程中，建构着一个属于自己的世界。

认识自我，是生涯教育的重要任务。兴趣、能力、性格和价值观是自我的不同侧面，从专业的视角，去认识自我的不同侧面，会让我们对自己有更多、更全面的发现。

通过兴趣的探索不断拓展梦想的边界。兴趣探索可以让我们发现自己的热情源自哪里，对什么事情能够全心投入。随着对有兴趣的事情的持续投入，可以开阔视野，引发好奇，推动一个人去探索事物、认识世界。

通过能力的探索来强化梦想实现的信心。能力是完成一个项目或一项活动时所体现出来的综合素质。拥有一定的相关能力是顺利进入某个职业领域的先决条件，一旦从事能够发挥天赋智能和优势技能的职业，就会提升生涯发展中的成就感和信心。

通过性格探索来丰富实现梦想的方式。你越了解自己性格的自然倾向和偏好，则越容易发现，什么样的做事方式能够最大限度地发挥你与生俱来的能力。了解性格的目的是了解自己，理解并接纳自己。接纳并享受性格带来的优势，改变和回避性格带来的局限，如果有机会扬长避短是最理想的，暂时没有很好的机会，那就扬长补短，用能力来弥补。

通过价值观探索来确定梦想的方向。个体的价值观系统会因为年龄、环境、自己的认知等各方面的影响，而发生调整和变化。我们关注价值观，就是在关注梦想的方向。因此，价值观需要不断的审视、澄清和塑造。特别是青少年阶段的价值观并未定型，需要被培养和塑造，需要持续的发展，所以我们要保持开放的态度、培养的态度去看待价值观。

将自我认知划分为兴趣、能力、性格和价值观四个维度进行探索，是为了认识和操作的方便，但自我认知绝不是这四个维度的简单相加，而是一个有机整体，每一个维度都是自我认知的一个侧面，四个维度是相互联系和相互影响的。

喜欢做一件事，既有某些方面符合兴趣趋向的因素，也有能力水平获得价值反馈的原因，还有可能这件事本身就符合未来的愿景，当然，也可能因为一起做事的人，或者支持系统让人感觉到了激励。所以，自我认知的时候，可以从单一维度来逐一分析。但是，到了真实的世界，我们一定要整合起来看。因为，我们每个人本来就是一个整体，各个维度都是独特自我的一个侧面。将这些维度有机整合，不断打磨自我认知的四个侧面，让自我认知四面体的每一面都熠熠生辉。通过把兴趣、能力、性格、价值观以及彼此之间的相互关系都联系起来，用更复杂的方式思考自我，才能建构起属于自己的梦想世界。

自我认知是一个终生的过程，永远不会结束。因为，与此同时，成长一直在迭代着一个新的自我。

关于自我认知的信息是基于过去的经历，每个新的生活事件和经历都会增加你的兴趣、能力、性格和价值观的信息储存。而且，只要善于反思和总结，就没有经历会被浪费，即使那些经历和经验是我们不喜欢的和感到不愉快的，但它们依然会增加我们的自我认知，与此同时，加工和反思这些经历中有关的感受也很重要。

比如，有时候学生说他们选错了学科或专业，有的人说选错了工作等，这只是短期内的评价。从长远来看，那些经历能够明确和澄清个人的职业旅程。乔布斯说："你看不到点点滴滴，你只有将他们连接起来。所以你必须相信，点将以某种方式连接你的未来。"

自我认知无处不在，不仅可以通过对过往的经历进行梳理盘点，也可以对未来保持好奇，主动探索。不仅可以对成就事件进行挖掘，也可以对自己习以为常的行为习惯进行总结，更可以通过对失败、不喜欢的经历进行反思，这都有助于对自我的认知。

人生是一次次选择积累出来的，更是一次次选择建构出来的。

规划	管理	提升	升华
梦想丰盈与目标确立	梦想实践的策略	问题解决与状态调整	梦想的意义在于实践

第三章 践行梦想：在路上

我们都知道，美国的莱特兄弟是飞机的发明者，他们的"飞行者1号"在1903年12月试飞成功。最长的一次试飞，持续约1分钟，飞行了260米。1906年，他们的飞机在美国获得专利发明权，兄弟二人也因此在1909年获得美国国会荣誉奖。

现在看来，这只是一个发明家的故事，但是如果穿越回1896年，我们会看到，德国航空先驱奥托·李林达尔在一次滑翔飞行中不幸遇难。面对这么大的风险，莱特兄弟还敢继续试飞吗？

我们还可以看到，同时期的塞缪尔·兰利，他是天文学家、物理学家，受过高等教育，曾在哈佛大学工作过，得到过美国科学院的奖章。他设计的无人机模型在1895年5月和11月两度试飞成功，美国军方拨给他五万美元，史密森尼学会给他两万美元，以支持他制造有人驾驶的飞机，他的支持者都是政商要人。而莱特兄弟只是自行车公司的小老板，没接受过高等教育。面对如此强有力的先行者，莱特兄弟还有必要继续尝试吗？

然而，最终成功的是莱特兄弟。甚至他们的成功最初都没有得到美国政府的重视与承认，到1907年还为人们所怀疑，直到 1908 年法国首先给他们的成就予以正确评价，才掀起了席卷世界的航空热潮。

对于莱特兄弟来说，制造一个"能飞起来的东西"是一个梦想。哪怕失败，哪怕荣耀属于别人，甚至为此牺牲也要坚持下去，支撑他们的就是梦想。梦想不只是说说而已，梦想需要实践，甚至是有些冒险的实践。

梦想实践的过程并非易事，本章围绕梦想实践的过程展开。涉及以下四个部分。

1) 规划：梦想丰盈与目标确立。这部分从梦想的具体规划谈起，重点是厘清梦想的内涵、梦想与目标的关系，以及如何确定目标。

2) 管理：梦想实践的策略。这部分讲如何管理梦想的践行过程，既要管理过程中的实施步骤，又要管理过程中的重要资源，还要及时跳出当下对工作内容的沉浸，通过觉察来不断对梦想进行升华。

3) 提升：问题解决与状态调整。梦想实践中，作为实践的主体，我们的情绪状态很重要。神奇的"视角翻转"，通过自我提问一些问题，帮我们调整状态，解决问题。

4) 升华：梦想的意义在于实践。这部分升华了我们对实践梦想的理解，厘清过程与结果的关系，实践与实现的区别等，只有调整了认知，才能更好地行动。

规划:梦想丰盈与目标确立

比不知道如何实现梦想更常见的,是听到有人说:"我没有梦想怎么办?"是啊,梦想到底在哪里?通过自我认知,人们会更加了解自己。但是了解了自己之后,依然找不到梦想,又该怎么办呢?

建构梦想与一个人对自我的认知密切相关。如果在孩子最初形成自我意识的时候,父母和老师就有意识地进行自我认知的引导,那么,梦想的产生就一定不是问题——梦想与自我认知深深绑定。如果到了二三十岁,期待通过一系列的自我探索立刻拥有梦想,对有些人还是有些困难的,因为梦想的萌发与自我意识的建立一样,需要一个过程。因此,生涯教育越早开始越好。建构梦想是生涯教育的意义之一。

一、梦想奔驰:三类梦想

1. 梦想与自我认知的关系

梦想的寻找和实践与自我认知,是在生涯中并行的两件事,就像一个螺旋上升楼梯的两个扶边。一个人一边加深着自我的认知,一边建构并丰盈着自己的梦想,实践着自己的梦想。

很难说一个人对于自我的认知和梦想的产生有必然的先后关系。一方面,梦想的产生一定源于自我认知,包括有对自己需求的认知,对自己兴趣爱好的认知,对自己能力优势的认知,从这些认知中,会自然地产生一些梦想。

比如,一个学生希望获得别人的尊重,他的梦想是在运动会上跑出好成绩。这样的梦想就包含了对于自己身体素质的认知,对于成就感的渴望,成就感就是这个学生的价值体现,而身体素质就是他对自己能力的识别。

另一方面,自我认知随着不断实践梦想的过程而逐渐加深。试想,一个学生在准备考试的过程中,发现了自己的优势在于学习能力,这样的学习能力区别于一般的应试能力,会给他带来更大的喜悦感。于是,他就会萌发出新的梦想:进一步深造,考上理想的大学。这些优势不都是在实践梦想的过程中加深的自我认知吗?

我们缺的不是梦想,缺的也不是自我认知。而是要有意识地进行自我认知,并且要有意识地把自我认知和梦想连接起来。通过自我认知,建构梦想的方法具体如下。

第一,结合自己的生涯阶段,考虑自己的需求或者追求的价值,从中找到目标,然后认真思考并进行升华,或许其中就有自己的梦想。

比如，一个人希望赚更多的钱，就要多问自己，希望拥有多少钱？希望有多少日常收入？这些钱用来做什么？通过什么方式赚钱是自己所期待的？由此看到背后的价值观，再去看有没有别的可以实现价值的方式？

第二，对于自己能力的认知与思考，我们可以问自己以下三个问题。

有哪些希望提升的能力？

有哪些希望发挥更大价值的优势？

还有哪些希望持续探索的能力？

在得到的具体答案中，或许就有自己的梦想。

比如，希望提升写作能力，那么写一本书就是一个梦想；希望发挥自己演讲的能力，那么面对一千人演讲或许就可以成为一个梦想；希望探索是否有独自旅行的能力，那么一趟独自出国游或许也就可以成为一个梦想。

第三，如果能够对自己的兴趣爱好有所认知，那么梦想就更容易出现了。因为兴趣爱好是一个人做事的重要动机，即便只是探索尝试，也可以成为梦想。

比如，有人对剪纸感兴趣，不知道是不是能做得好，那么干脆就去试试，把剪出一幅作品当成自己的一个梦想。

以上这些都是基于自我认知，有意识地进行梦想建构。在具体实践梦想的过程中，有时会遇到让自己特别满足的时候，不妨想想看，这说明了自己具备什么价值观；有梦想难以实现，受挫甚至想要放弃的时候，此时不妨想想看，是因为自己缺乏能力，还是价值动力不足；还有时会突然出现一些特别希望实现的想法，而且，有些想法非常类似，那再问问自己，是不是说明自己总是对某类事情有兴趣呢？

如此，我们就把自我认知和梦想连接在了一起。

2. 三类梦想

梦想源于逐渐深入的自我认知，同时，具体的梦想又经常会从三个方面呈现出来，分别是<u>外在的成就、内在的成长，以及关系的幸福</u>。这三个方面组成了三类梦想，我们把他们组成模型，称其为"梦想奔驰"。如图3-1所示。

图3-1 梦想奔驰

第一类梦想，外在的成就。

无论是孩子，还是成年人，在这个方面都有很强的诉求。一个人的成就感之所以说是外在的，是因为成就感往往依赖于社会和外界环境的评价。对成年人来说，他们希望通过追求更高的收入、职位的晋升、工作的成绩或者影响力的提升来实现自己的成就感。对于孩子来说，他们经常希望通过获得父母、老师、同学的认可来实现成就感。于是孩子就会追求好成绩以获得父母和老师的认可，会追求帅、酷、美、与众不同来获得同学的认可。而对于刚刚独立生活的大学生来说，他们就希望尽快赚钱，通过经济独立来证明自己。有不少刚毕业的大学生拿到第一份薪酬，就给父母买礼物，这里面既有感恩的成分，也有一种证明了自身价值的成就感在其中。

想想看，我们的很多目标或者梦想，是不是都与成就感相关呢？比如，在业余时间充电学习，一年读几十本书，连接人脉，进入专业的圈子，目的就是为了提升能力，获得更多的发展机会。再比如，创业企业的一些业绩指标就是可以量化的成就感。还有一些不可量化的成就感，比如，实现创业之初的一些愿望。不可量化的成就感往往是通过量化的指标来呈现出来的。

因为成就感的获得依赖于外界评价，所以，我们要有两个清晰的认知。

认知一：**我们一定要关注社会的普遍价值体系**。也就是说，在社会大众看来，什么才是好的，什么才是有价值的。如果非要与社会普遍认可的标准对着干，我们获得成就感的困难就会大很多。从这个角度来看，我们要做基于现实的梦想家。比如，对一个学生来说，既然大家普遍认同考试成绩是衡量好学生的标准，那么，我们就需要在考取好成绩的同时，去发展其他的能力与兴趣，因为这样会更容易获得周围人的认同，易于获得成就感。

认知二：**我们要透过表面看到背后可以满足我们自己的底层价值**。这和外界无关，这是符合我们每个人自己的方式。比如，说到好学生，大家都会认为一定是学霸，考试成绩好，这是普遍的社会认知。那么，如何才能学习好呢？一遍遍刷题，还是很聪明地找到学习规律？日夜学习、简单重复，还是把学习、娱乐、健康、交友都平衡得很好？这之间又有很多的不同。这中间既有方法和智慧，又有最开始的出发点，也就是你会认为什么是最重要的：是成绩唯一，还是全面发展；是能力提升，还是暂时领先；是关注过程，还是关注结果。所有这些，都会体现在你的梦想中。

第二类梦想，内在成长。

内在成长与外在成就密切相关，如果说外在成就是果，那内在成长就是因，任何一个外在成就，不管做得好坏，一定可以找到对应的内在成长点。但是内在成长的部分有一个重要的特征：只有自己才会关注。

对成年人来说，内在成长可能指的是身体的健康、爱好的培养，也可能是情商的提高，或者内在的和解。这些并不会直接呈现出一些成就，但是会潜移默化地影响职业生涯的表现。

对孩子也是一样，比如意志力的培养，坐不坐得住，能否坚持某种习惯，这可能不是一两天、一两次就可以调整过来的，需要很长的周期，也需要多方面的努力。而对孩子来说，成长就是一种主要的生涯主题，他们比成年人有更多的时间和精力可以关注并投入到成长中来。成年之后，从一个人的职业素养或者生活习惯，就可以看出小时候的家庭教养，从谈吐举止、观点看法、发展后劲，也能看出兴趣爱好的广泛程度，看出基本的人格品质，这些也都与早期的教育和成长环境密不可分。

父母都会知道这样一件事：孩子似乎天生带着一些需要修炼的功课来到我们的生命里。他们有着自己独特的表现，这些表现或让人喜欢，或让人疼爱，或让人厌恶，或让人痛惜。

比如，有些孩子胆小，和陌生人说话怯生生的；有些孩子害怕失败，一遇到挫折就哭；有些孩子规则意识强，但是有时过于刻板，总希望别人按照他们的想法来做，不然就和别人发生争执。上述这些表现，要想改变就需要内在成长了。这和外在成就不一定会直接对应。

　　因为内在成长不像外在成就那么外显，也不会那么容易地被充分重视，当然，也就不可能那么容易地形成梦想了。成人对内在成长的关注是从有觉察开始的，觉察到自己需要成长的地方，才会产生需要改变的念头，梦想才会因此而来。而孩子呢，就需要告诉他们，要做些什么，什么是好的，帮助他们进入自然优秀的轨道。

　　内在成长的部分有点抽象，可以借由自己的觉察和发现，找到具体的成长点。比如，最近精力不济，是不是需要养成好的作息习惯？再比如发现生活枯燥，是不是可以把培养一种兴趣作为内在成长的梦想？

　　这里提供几个可以考虑作为内在成长的梦想的内容：作息习惯、身体指标、兴趣爱好、开阔眼界、冒险尝试等。这部分内容更接近内心，和外界评价没有直接关系，是每个对自己人生负责的人需要关注的。

　　第三类梦想，关系幸福。

　　我们不是孤独地活在这个世界上的，我们和其他人一定有着各种交集，所以，我们的梦想包括了关系这个部分。每个人处于不同的生涯阶段，每个人也都有不同的社会关系，所以每个人的关系重心就会有所不同。

　　对于孩子来说，最重要的关系可能有与父母的关系、与同学的关系、与老师的关系。有些孩子可能还有更为具体的划分：与父亲的关系和与母亲的关系，一般同学关系和密切的朋友关系……

孩子的社会关系是相对简单的，而成人就复杂多了。一般来说，成人可以考虑以下几类关系：亲密关系、亲子关系、朋友关系、同事关系。这样的关系分类很容易理解，但是，会有人吃惊地发现：原来有一些最重要的关系，自己从来没有真正关注过。

对于关系部分，我们会从觉察开始，然后有发现，有期待，这才会有关于关系的梦想出现。当我们列举了各种关系之后，有人会发现，怎么有些重要的关系没有关注呢？怎么有这么多关系需要关注呢？怎么我的精力和资源不足以关注这么多关系呢？还有人会把所有的关系都归类为"重要他人"，这样有些笼统的划分又说明了什么？这些觉察，就是一种梳理，也是一种对于梦想的开启。

有些人会觉得，梦想不就是做事吗？为什么要把关系也放进来？难道关系也可以成为梦想吗？这正是我们需要特别关注的地方。一直以来，我们的教育倾向于让我们关注事，而忽略了人；关注成功，而忽略了幸福；关注事业和学习，而忽略了兴趣和生活。时间久了，我们就会变得单调而不完整，失去了作为人的本来的厚度。

从生涯视角来看，不管是否关注，我们每个人都有多种角色，而且随着生涯阶段的变迁，这些角色也在发生着变化。在关系中，自然而且本来就应该蕴藏着我们的梦想。我们希望成为一个好爸爸、好妈妈，这是梦想；我们希望建立良好的人际关系，这是梦想；我们希望从父母和兄弟姐妹那里得到更多的支持和力量，这还是梦想。当我们真正开始重视的时候，这些梦想才会浮出水面，我们自己也才会因为这些梦想而得到滋养，活成我们自己所爱的样子。

3. 三者之间的关系

外在的成就、内在的成长、关系的幸福，这三个方面是需要在平日里不断检核的。可能开始有些方面没有太多关注，检核的次数多了，自然就会关注了。可能开始有些方面不知道该如何调整和提升，检核的次数多了，方法也会出现，毕竟生活中有很多的资源，只是之前疏于思考罢了。可能开始的时候缺乏信心，可是看到一个个小梦想的实现，我们对于梦想的信心也就逐渐建立起来了。

开始的时候，我们把三个方面独立地来看，是因为这样的思考不会让我们遗漏什么。可是时间久了，当我们实现的梦想越来越多，就会发现，这三者是可以互相融合、彼此支撑的，而且，我们自己的重心也越来越明显，越来越独特。有些人会特别关注关系的维护，而有些人就特别关注内在的成长，还有些人会在一个阶段把外在的成就放在重要的位置。只要一直关注这三个方面，那些不同的关注重心，正是我们每个人自己的特色。

其实，这三个方面也很难分开。比如，外在的成就很容易看出来，也很容易衡量，很容易成为人们追求的目标。开始的时候，成就需要通过提升直接的技能来实现，但是，后来就会遇到瓶颈，这不是技能的问题，也不是知识的问题，可能就是自己的内在需要成长。这些成长或许是一些限制性的信念，或许是关于和自己的关系，或许就是自己的信心和内在的力量。外在成就的瓶颈也有可能是自己的人际关系需要调整。每个人都需要一个庞大的支持系统才能成就更大的事情，这个系统从社会分工到家庭组成，从外卖快递到亲密关系，每一个部分，既有可能是支持，又有可能是束缚和障碍。

比如，我们的很多内在成长都是关于关系的，同时，内在成长不仅可以支持成就的获得，而成就的获得也是内在成长的一种重要途径，所谓生活即道场。再看关系也是如此，不仅可以支持成就的获得，同时获得成就有利于建立不同的关系，圈层就是一个重要的表现。还有，幸福的关系有赖于强大的内心，我们又经常因为关系中的"贵人"给自己带来更大的成长。

所以，我们会发现，其实三个方面是相互依存、互为支持的。之所以会分别来看，是因为这样便于调整。三个方面的梦想综合在一个人身上，持续发展，就会越来越融合，我们也会成长为一个自内而外都很强大的梦想家。

4. 在青少年阶段如何使用

梦想奔驰的模型呈现了一个人可以从三个方面来建构我们的梦想，那么，对于孩子来说，如何建构呢？他们尚处于学生阶段，没有复杂多元的人际关系，也没有职业方面的内容，他们又该如何使用"梦想奔驰"呢？

对于孩子，依然有三个方面梦想。

内在成长方面，体现在身体健康、心理健康、兴趣爱好的发掘和培养，以及更为长远的各方面素养的提升。

外在成就方面，主要就是体现在以学业成绩为核心的诸多校园生活中，在不同类型的学校和不同发展通路的学生那里有所区别。比如，有些希望在艺术方面有所发展和崭露头角的孩子，可能要参与一些演出和展览。

人际关系方面，他们的人际关系虽然简单，但正是因为简单，却可能更为重要，比如父母、老师和同学就组成了他们关系的大部分，任何一个方面出现状况，都有可能对孩子产生重要影响。对住宿的孩子来说，与舍友的关系非常重要，有的孩子跟同学闹别扭，会情绪低落甚至影响学习和生活，父母有时候觉得没啥大不了的,会忽视,但这是孩子梦想的重要部分。也有的孩子因为和同学闹别扭发生冲突,甚至辍学。同学关系好了,可以相互支持,为成长助力,跟同学相处融洽,更容易让梦想的轮子旋转起来。

鉴于孩子的生涯状况,可以将梦想奔驰分为两个部分,如图3-2所示。一个是关于学业的,一个是关于成长的——可以融合自我内在成长与关系发展等其他方面。这样分开来考虑,或许更容易聚焦。也就是说,将外在的成就独立出来,将内在成长和关系合并为一个方面。

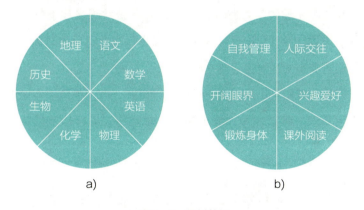

图3-2 规划梦想

a)学业梦想图　b)成长梦想图

接下来,就可以进一步细分了。比如,学业成就方面,可以区分看看,哪些方面会让孩子有成就感?可能是考试成绩,也可能是参加一些比赛,还可能是发展特长,这些方面可以分别设立梦想。而内在的成长和关系方面,不同阶段的发展所关注的内容有所不同。

值得注意的是,孩子处于成长的阶段,教育者有义务和责任对他们施加影响,这也是教育的意义。比如,有意识地主导一些教育活动,唤醒他们的意识;通过一些活动,提升他们的能力;帮助他们维护一些关系,体验到关系带来的影响和价值。

最初的时候,孩子的梦想可能主要就是关于成绩的,或者就只是当下状态的反应,比如出去玩,离开当下的环境,这些可能是对无趣的学习状况的逃离,或者是对感兴趣事物的向往。当教育者有意识地从这几个方面进行刻意引导的时候,孩子们对梦想的理解也会越来越丰富。

教育者切记不要因为自己的视野限制,而无视孩子本来的全面需求。尊重规律,尊重孩子,教育的效果自然就发挥出来了。

二、目标与梦想的关系:目标是对梦想的承诺

1. 如果不落在目标上,梦想就会成为浮萍

很多对于梦想的微词,不外乎觉得梦想不靠谱——想得很美好,但是到头来,还不是要吃饭穿衣,还不是要辛苦挣钱,还不是要升学考试,还不是要……

且不说这本就是对梦想的误解，从另一个角度来说，这些想法本身，就是一种缺乏梦想实现能力的体现。梦想源于现实，梦想怎么可能与现实分离？如果把梦想与现实对立起来的话，那就更是荒谬了。现实是梦想的起点，梦想是未来的现实。有人总以为"梦想与现实是对立的"，但实际上，和现实对立的不是梦想，而是幻想。

那么，梦想实现的能力到底是什么？是不是就是给一个梦想，然后拼命做到，这就是梦想实现的能力了呢？其实不然，梦想不同于目标，梦想实践的过程也不同于目标完成的过程。梦想是方向性的、动态的，目标是具体的、确定的。梦想是由一个个目标所承载的，也是因为一个个目标不断实现之后而不断拓展和调整的，不能深刻理解梦想与目标之间的关系，则无法具备梦想实践的能力。

目标是梦想的载体，每一个具体的目标上，都有梦想的影子，但目标又不是梦想。同时，即便因为种种原因，目标最终实现不了，但是梦想的价值已经在实践过程中完成了。

梦想与目标互为依存，正是他们之间这种虚实的关系，才决定了梦想一定要落在目标上，不然，梦想就会成为浮萍，就会变成幻想。目标让梦想成为可以感知的、可以衡量的、可以检验的。于是，梦想才能在一个个目标的实现过程中得到实践。

2. 目标的价值

目标之于梦想，目标之于梦想践行者，有什么价值呢？

价值一，目标标记着成长阶梯的每一个脚印。

梦想是一种方向，是价值观的诉求，它的最大意义不是实现，而是在追求梦想的过程中，个人得以成长，资源得以积累，而做过的事情就会像拼图一样，把梦想拼起来。借助目标，可以使这一过程得以呈现。

如果说梦想是登山，那目标就像是记录着登山路程的脚印，每一步的成长都会被记录下来。目标的实现是表面的，更为深层的是成长，因为成长，才能想到、看到、制定出来那样的目标，也才能制订计划去实现目标。所以，看到目标的价值，才值得我们将梦想落地，也才提醒我们重视目标，通过追求目标实现自我期待与行动的一致。

价值二，目标固化了价值，延续了价值，积累了价值。

目标不仅记录了成长的脚印，还标记了路牌，不断提醒我们走到哪里了。就像通过看业绩来判断一家企业的发展情况，虽然大家都知道简单的数字不能完全反映一家企业的实力，但我们也知道，业绩本身可以说明很多问题。

与目标相比，成长也是抽象的，如何证明一家企业或一个学生成长了？不妨看一些指标，一家企业能不能有更大的产能,一个学生能不能有更好的考试成绩。虽然不能完全反映成长,但是这些目标可以让一段时间的成长固化下来。

一家企业的管理者的领导能力提高了,业绩会增长。一个学生的学习能力提升了,考试成绩会提高。因为有了业绩、成绩这些具体的目标,使得一个人的能力提升,这样抽象的价值才得以体现,得以固化。

目标不仅固化了成长的价值,还在延续着成长的价值。因为实现一个目标之后,就会围绕成长的主题,围绕未来的梦想,制定新的目标,这样,价值就被延续了。

我们看到一个学生最初关注的是对知识的掌握,成绩的提升。进一步,就会关注一些能力的提升,因此成绩会继续提升。再往后,会关注心态的调整,成绩还会继续提升。于是,在将成绩设定为目标的时候,成长就以成绩的形式,被固化下来,被延续下来,同时,也积累了起来。

价值三,目标是符合人性的阶段性冲刺。

任何一件大事都要分步骤完成。梦想越大,实现起来越困难。最大的难点,不仅来自事情本身,还来自时间的漫长。人们在追求梦想的过程中,诱惑、失败、挫折、打击、看不到价值回馈,这些都是对意志力的考验,也是很多人会不断放弃的原因。

就像登山,登山本身就很困难,如果此时又是漫漫长路、此去无期,信心就会被磨灭。看到终点,尽快获得价值回馈,是人们被鼓舞和激励的重要因素,也是人性使然。那么,我们要做的,不仅仅是对未来充满期待,而且要将梦想落实在当下,以具体目标的形式来呈现。

马拉松跑,对人们来说是一种挑战,这种挑战难就难在距离远,人们要忍受长时间奔跑,不仅考验体力,还考验意志力。所以,人们就设置了路标,每隔一段距离设置一个标志,告诉人们跑了多远,还有多长的距离。运动员们也正是根据自身情况来设置自己心中的阶段性目标,才得以持续跑到终点。还有运动员专门花钱雇人陪跑,目的就是在不远不近的地方看到一个可以追赶的目标。所以,把梦想落在目标上,可以让追求和实践梦想的过程变得更容易。

当我们看到目标的价值时,我们才会重新看待梦想与目标之间的关系,不会将它们分离,也不会将它们对立起来。这是一种梦想的能力,让我们在实践梦想时更有力。

三、对目标的确认:目标四问

1. 从梦想到目标

从梦想到目标,这是一个具体化和细化的过程。这个过程分为以下几步。

第一步,根据"梦想奔驰"的三个维度来调整和筛选梦想。

"梦想奔驰"提示的是几个需要考虑的维度，每个人又可以根据自己的情况进行调整和筛选，选出最符合自己当下情况的梦想。这些梦想一定具备两个特征：**非常渴望和志在必得**。

比如，关于外在成就的部分，看重的是老师的认可，看重的是成绩的提升，看重的是表演技能的提升，看重的是围棋技能的提高。关于关系和成长，可能就会看重健康，看重同学关系，也可能看重兴趣爱好，看重家庭氛围等。

第二步，对选出的梦想进行重新审视，检查是否注意到了以下两个方面。

一方面，梦想不要太具体。毕竟这是梦想，是大的方面，接下来要通过目标来具体实现的，如果太过具体，就可能会因此失去更远的方向。比如，一个孩子的梦想是考到班级前三名。这就未免太过着急了。这时可以问问他，为什么有这样的梦想？如果梦想实现了，能带来什么？还有没有别的目标可以达到这样的效果？如果梦想实现了，接下来的目标是什么？由此，或许可以看到更远的方向。比如，考到班级前三名背后的梦想可能是获得认可，也可能是将来考上理想的大学，成为科学家。

另一方面，梦想的类别不要太多。有些人什么都想要，但是此时也一定要兼顾资源和重点，在不同的生涯阶段，一定要有重点，否则就会"眉毛胡子一把抓"，到最后什么都没做好。

其实，没有放进梦想，并不是因为它不重要，也不是不考虑，而是要提醒自己，什么是这个阶段最渴望的，这才是梦想。

比如，对一个学生来说，各门功课的学习都很重要，但梦想可能就是让语文得到飞跃式的提升，因为一直以来这门课都没有学好过，希望学好语文，建立信心，也希望能够在老师面前扬眉吐气，同时，希望在提升语文成绩的过程中获得成长。与此同时，其他功课并不是放弃了，正常地学习、上课、完成作业，与以前不同的只是更加关注语文而已。

第三步，把具体目标进行细化。把每一个梦想认真考虑一遍，结合自己的资源所处的阶段，制定实现梦想的标准，然后再分解出每一步更加细分的目标。

比如，一个学生的梦想是考出好成绩，成为一个好学生。那就接着确认梦想的标准，什么是你心中的好学生？好成绩的标准是怎样的？注意，这个标准一定是自己的，作为父母和老师自有标准，此时一定不要把自己的标准施加给孩子，否则，孩子就不会有动力。

当然，教育者们可以提供第三者视角，帮助孩子制定更加靠谱的目标。比如，"好学生"的标准，是自己认可就可以呢？还是一定需要别人也认可？如果需要别人的认可，那是不是需要先和别人聊一聊他们是怎么看的呢？再比如，根据以往的表现和普遍规律，考到前三名的概率有多大？孩子是否考虑过相应的风险?

梦想标准出来以后,进行细分就容易多了。比如,考出好成绩,就是希望通过三年的学习考进某大学。那么,根据往年的录取分数,需要考到年级前 50 名,这样的话,这三年的努力目标就有了。那么,每个学期或者学年的目标是什么呢?这就是进一步细化的目标了。

有了以上三个步骤,就把梦想拉到了具体的目标层面,不再是浮在空中的想法,变成了扎根于现实的目标了。

2. 目标四问

俗话说,万事开头难。其实,这并不仅是说难在开头的行动。在确立目标阶段,有人总是会忽略目标的合理性。

如果没有很好把握,稀里糊涂地制定一个看上去不错的目标,结果刚开始行动就发现了问题。遗憾的是,人们会循着错误的轨迹继续下去,即便发现了问题,也不去调整。然后过程中就会漏洞百出,最后,要么产生强烈的挫折感,要么不了了之。很多人就会抱怨"梦想还是不要有,都是空想""梦想太难,还是现实一点吧"。

自己缺乏实践梦想的能力,反过来却抱怨梦想,否定自己,也不忘打击别人。那些没有实现过梦想的人,潜意识里希望合理化自己的无能,于是,就希望每个人都如此。

怎么突破目标制定的难关呢？这里有一种方法，通过认真回答这四类问题，就可以把目标夯实了。

提醒一点，这些问题是自问自答，父母或者老师可以给予一些指导，但是，千万不要像监督者一样，以质问的方式来让孩子回答。因为这些问题没有标准答案，最重要的是需要真诚地面对自己。

目标第一问：这个目标是什么？

这是个很有趣的问题，看似简单，但是好多人还没有搞清楚自己的目标就冲出去开始行动了。这个问题，其实是再次确认梦想落实到了目标。有些人很兴奋，觉得这不就是我想做的吗？"我要成为一个好学生""我要尽快独立""我要赚大钱"。停一停，问自己"我的目标是什么"。"好学生""独立""赚大钱"这些都是梦想，目标是什么呢？目标一定要清晰而具体。

我们自己心里都是有答案的，只要愿意问自己，只要愿意停下来思考，答案就会出现。回答了这个问题，就可以进入下一问。

目标第二问：为什么要实现它？

这个问题是要确认内心对目标实现的渴望，请真诚地面对自己。为什么要实现它？这是自己想要的目标，还是为了取悦讨好其他人？是内心的渴望，还是迫于压力？这个目标对你来说，真的有那么重要吗？

这个问题特别重要,很多人在实践梦想的路上,经常会半途而废,遇到困难或挫折就会打退堂鼓,这是因为动力不足。动力不足有以下两方面的原因:无意识中把别人的期待当成了自己的目标,一旦遇到困难,自然就会放大痛苦,认为不值得;虽然是自己的目标,但是并没有在最初的时候进行确认,所以也就没有挖掘出来足够的动力。

为什么要实现这个目标?这个问题的答案一定要和实践者自己相关。而相关度可以从四个方面来看,如图3-3所示。

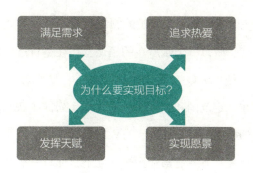

图3-3 目标动力源

满足需求的维度。比如,物质丰富的需要,成就感的满足。我们不要回避需求,有时候,人们以为梦想就一定是高大上的想法,总觉得如果是一些物质追求,就会显得急功近利,就不是梦想,这样就把自己和梦想分开了。根据马斯洛需求层次理论,我们每个人都有生理的和安全的需求,这些需求在没有得到满足,甚至是有缺乏的时候,他们当然可以成为我们的梦想，而且，是和我们最有连接的梦想。只是，一定要知道"这样的目标实现了，对自己的价值和意义是什么"，这个更重要。

追求热爱的维度。比如，想要学会尤克里里，想要学游泳，想要创作一本漫画书。这些是自己的兴趣使然，已经变成了一种强烈的热爱，希望通过一些具体的结果呈现来表达这样的热爱。不知道未来兴趣是否会持续，但是在这个节点上，这就是一种梦想。

发挥天赋的维度。有天赋的领域，就会做得轻松，也会容易做出成就。所以，天赋所在的领域，往往是自己成就感实现的地方。当然，天赋在获得确认之前，一定会经历一个探索期，至少在一定范围和别人比较了之后，崭露了头角，才会确立下一步的明确目标。比如，有人有运动天赋，立下目标在某个比赛中获奖。有人有写作天赋，立下目标写一本书。

实现愿景的维度。愿景很大，也很远。与需求相比，愿景一定在需求满足之后；与热爱相比，愿景更多蕴藏着价值观的趋向；与天赋相比，愿景里或许有天赋，但是即使缺乏天赋，愿景也会坚定。

比如，周恩来少年时立志"为中华之崛起而读书"，"中华崛起"就是愿景。有些人在年轻的时候就有远大志向，也有人慢慢长大后才会有自己的愿景，可能是通过科技改变生活，可能是从事医疗工作救人于痛苦之中，可能是从事教育工作改变人的心智等。而这些愿景，有可能是看到了让自己怦然心动的榜样，有可能是身处水深火热之中的体会，还有可能是由热爱而产生的更大期待。

对于第二个问题，一定要厘清目标与自己的关系，一定要客观评价内心对这个目标的渴望。

目标第三问：如何衡量目标已经达成了？

这个问题的目的，是将目标实现的结果显现化，这样就具备了可操作性，锚定了结果之后，所有的路径也都变得可以衡量了。梦想不是虚无的感受，重要的落地方式，就是通过可以衡量的目标来实现的。

关于目标的衡量标准，有很多模型和工具，综合之下，我们选择三个适合而且方便的衡量标准。

时间：什么时间完成？要明确目标完成的具体时间点。

标准：有什么标准可以确认目标是否实现？这个标准既可以是客观的，也可以是主观的，但一定是可以衡量的。比如，完成一件艺术作品，需要通过别人的认可来确认，这个别人的认可就是主观的，却是可以衡量的。

数量：目标的完成有什么数量要求吗？这是对之前标准的再次确认和补充，有的时候除质量标准外，还需要一些数量标准。比如写一本书，要达到多少字数的要求。

通过对于目标标准的设定,我们就可以有的放矢地开始行动了。

目标第四问:目标的实现会给你带来什么?

这个问题是关于目标的价值的。虽然在一开始制定目标的时候,我们就已经反复确认过,目标与梦想有关,目标对我们非常有价值、有意义。然而,当目标逐渐清晰之后,我们非常有必要再去看看目标带来的价值是什么。

可以有这样的内在对话:

如果目标实现了,你会和现在有什么不同?

如果目标实现了,你收获到了什么?

如果目标实现了,这件事带来的意义是什么?

这样的内在对话,是对价值的加强,会让我们更加笃定。面对未来,我们会想到梦想,也会想到恐惧和担心,此时,我们需要不断和未来产生连接,用未来的价值来吸引自己。这样,我们就会走上一条通往梦想的道路。只要行动起来,恐惧和担心自然就隐退了,它们只是虚幻地存在于我们的脑海中而已。

通过"目标四问",我们完成了对目标的确认,也就完成了对于梦想最初的规划。

管理:梦想实践的策略

实践梦想是一种规划能力的体现,体现在对目标的规划上,体现在对过程的管理中,还体现在对状态的调整上。

一、过程规划

目标确定了,我们就要对实现目标的过程进行规划,不管是哪种规划,都是在一个核心上下功夫:人性的弱点。

目标因梦想而来,严格地说,如果经过最初的论证,每一个目标都是可以实现的。但我们经常遇到"目标实现不了"的情况,原因有两个:一个是风险的出现,另一个是半途而废。对于第一个原因,可以提前做风险防范,做好心理准备,接纳一定程度的风险。但是半途而废就和人性相关了,而这一点可以通过一些设置进行自我管理。

以下几个方面是进行过程规划时需要重点考虑的维度。

1. 计划分解

这是我们通常会做的事情，为了实现一个目标，要做很多事情，把所有要做的事情按照时间的顺序排列出来，这就是计划。

在制订计划的时候，我们一般会遇到以下两个问题。

第一个问题：不知道计划中要做些什么事情。这个问题很常见，我们对于陌生的目标，都不是很清楚要做什么事。现在一些学校开展研究型学习，有一些课题对孩子来说比较陌生，比如退休年龄问题的研究，有些孩子会茫然，会不知所措，不知道要做些什么，那该怎么制订计划呢？

并不是所有的计划都是事无巨细、按部就班，且确定可以实现的。有一类计划是这样的：先有探索学习阶段，再有规划阶段，然后才有执行阶段。如果真的不知道该如何做，那就不要着急进入执行阶段，而是从探索学习阶段开始。可以查资料，可以请教有经验的人，也可以尝试开始做一做，给自己留出一个探索期就可以了。

比如退休年龄问题的研究课题，可以先安排一周的调研，小组成员互相协助，列出需要收集的问题清单，广泛收集信息。一周后再进行汇总，确定下一步的行动，以及未来研究的方向。这个过程也是培养孩子解决问题思维的过程。

第二个问题：这样的计划靠谱吗？ 有人会对计划的可行性提出质疑：这么做，一定能实现目标吗？确实，任何事情都有风险，没人能够保证按照计划执行就一定可以拿到确定的结果，这也正是在提升孩子面对变化的调整能力。

如果在制订计划的时候有各种担心，不妨和孩子一起来分析，担心的是什么？那些风险发生的概率有多大？如果发生风险的话，如何应对？是不是可以把计划调整得更为周全？或者是否可以接受这样的风险？如果出现了不可预测的可能性，又该如何面对呢？敢于面对不确定的时候，对"不确定性"的焦虑就会消除。

2. 时间框架

时间框架是什么？我们把要完成目标的所有计划都排进时间表里，这个时间表就是我们的时间框架。

别小看了时间框架，它的作用非常大。在一次培训中，一个学生做完练习后惊呼：原来我的时间这么紧张！是的，当把计划要做的事情全都填进时间表的时候，他发现有些事情根本完成不了。之前之所以那么乐观，是因为总觉得时间尚早，一切都来得及。这不也是我们常有的状态吗？特别是在年初制订计划的时候，我们总是充满希望，信心满满，到了年中开始感到焦虑，到了年底彻底放弃，然后，第二年重新开始这个循环。

出现这种情况的原因很简单，开头的时候过度乐观，过程中疏于行动，最后直接放弃。想要解决这样的问题，需要从一开始就确定时间框架。当把所有的计划填进时间表的时候，第一次把关就做到了。

然而，这时候，人们还是会对完成速度过于乐观。人们往往会忽略干扰的影响，会高估自己的效率。比如，以为一小时可以完成的事情，但是过程中会被打扰，会开小差，实际上做下来，可能变成了一个半小时，甚至两小时。所以，在制订时间框架的时候，一定要考虑效率，考虑冗余时间。

这里给出一个参考算法：把完成计划原来所需要的时间加倍。当然，这个算法因人而异，大家可以自行调整系数，这个系数正是为了对抗对时间的乐观估计。

3. 要事优先

要事优先也是在完成计划的过程中要遵循的一个重要法则。什么是要事？就是一个阶段中最重要的事。注意时间限定，一定是在一个时间阶段内。如果时间是一条线，站在不同的视角，看到的格局必然不同，于是，每件事情在不同时间段的重要程度也不一样。在今天看来重要的事情，放在一个月来看，未必重要。在这个月看来重要的事情，在全年来看，未必重要。所以，要事要分阶段来看。

制定目标的时候,是站在全局看问题。执行计划的时候,就要站在当下阶段找重点。那么,为什么"要事优先"那么重要呢?一个原因是,从效果来看,重要的事情在整个事件当中占据着重要作用,如果先完成了,可以带动其他事情迅速跟上。另一个原因是,从心理角度来看,重要的事往往也是难度较大的事,需要资源较多的事,我们也会因此有畏难情绪,如果先咬牙把难度最大的事情完成了,成就感会变强,再去做别的事,就会完成得更快。

有一位老师在课堂上给学生做了这样一个实验:一个空瓶子,先是装入一堆高尔夫球,然后装入小石子。这时候,瓶子看上去已经满了。老师又拿出来沙子,可以继续装进瓶子。直到用沙子装满的时候,老师又拿出来一瓶啤酒,竟然还可以继续倒进瓶子里。这位老师说,高尔夫球像是你最重要的东西,比如健康、热情。小石子像是其他重要的东西,比如工作、房子、车子,沙子就是其他的一些小事。如果先把沙子装进瓶子里,那就没有空间放高尔夫球或者小石子了。

人生也是一样的道理,如果把所有的时间和精力都花在小事情上,那就不会有时间去做真正有意义的事情。把最重要的事情先找到,其他的事情就是石子或沙子了。这就是要事优先的道理。老师最后幽默地说,至于啤酒,那就是说,不管时间安排得有多紧凑,也有时间与朋友把酒言欢。

有位班主任看到自己的学生上了高中还不太会安排学习时间，有的学生自习课特别忙碌，却没有什么效率。于是，这位老师就要求学生们在自习课先回顾课程，列出自己的作业，并按照重要程度排序。然后，每完成一项，就在这一项上打钩。一两个月后，整个班级的作业完成质量和效率都有所提升，学生们也养成了习惯。这位老师就是在教孩子们学会要事优先。

有一位六年级的女生萱萱，她的妈妈分享了孩子的时间安排。萱萱平时作业比较多，同时还在学习古筝。有一天，萱萱和妈妈说，她有一个写科幻小说的梦想。刚开始，妈妈并不相信，心想："她哪有那么多时间写小说呢？"可是，萱萱说，一天写500字并不难，她会安排好时间的。之后的变化，悄然发生。萱萱基本每天在学校就能把作业做完，回家之后先是主动练习古筝，之后在电脑上写自己的作品。妈妈问萱萱："为什么先练习古筝呢？"萱萱说："古筝比较难，要先完成，给自己腾出写作时间，写作时间就好像是赚回来的一样。"一个六年级的孩子，就已经学会要事优先了。

4. 习惯养成

我们在执行计划的时候，要注意顺便养成一些好习惯。之所以说顺便，是因为习惯需要在做事的过程中养成。比如，读书可以作为一种习惯来训练,若要是专门训练每天读书的习惯,有人就会很难坚持,读书会困,读书没有效果……这些都是常见的表现。如果在做事中学习,用读书的方式来学习呢?读书就会变成一种主动的信息搜集和储备,时间久了,自然就练就了快速阅读的能力,读书也就会变成一种习惯。

用习惯来做事,有一个最大的好处就是效率极高。养成一个习惯的过程像爬上坡,会很困难。而一旦养成了一个习惯,再做事的时候,一个人的行为就会形成惯性,像下坡一样,效率很高。这是因为习惯减少了我们的很多内耗,比如开始行动的纠结,每次开启之后进入状态的适应感等,有了习惯,这些内耗就被自动忽略了。有人习惯早起写作,早上四五点的时候,很少有人打扰,这时候的写作效率是最高的。开始早起写作还有些困难,不是起不来,就是状态不好。但是在坚持十天八天之后便看到了效果,也养成了习惯。

所以,执行计划的时候,习惯可以让我们更有效率。目标实现的同时,习惯也会让我们更长久地受益。

5. 寻求支持

有人会把执行计划当成一件需要自己独立完成的事情,制订完计划之后埋头去做,遇到困难就停了下来,百思不得其解,拖来拖去,最后无疾而终。这样的情况在孩子中间也非常普遍，比如，我们会看到有些孩子在学习中遇到了难题不知道该怎么办，采取的措施就是"等"——"等老师来讲""等家长来讲"。

我们对这些情况非常熟悉，不以为然，以至于孩子长大后进入职场，依然如此。我们经常见到有人职场遇挫，人际关系出现问题，难以适应新工作，底层的原因并不在于智商，甚至不可以简单地归因为情商，而是从小就没有养成一种"寻求支持"的系统化意识。

遇到困难，除了自己研究，还要学会利用身边的资源，学会寻求支持。知道什么时候需要找支持，找什么样的支持，如何争取到支持，得到支持之后如何最大化这样的支持。这些也都是在制订计划的时候需要考虑到的。

比如，孩子遇到了学习困难，如果看到系统，可以求助于老师，可以求助于同学，也可以求助于父母，还可以求助于网络素材。除了求助，还可以组织互助小组，分享经验，可以将总结分享给更多人，以此激励自己。这些都是有价值的系统互动方式。

6. 总结嘉许

在执行计划的过程中，有一步必不可少，那就是总结。总结是一种回顾，也是一种升华，是价值的沉淀，也是新的开启。做总结的时候要关注以下三件事。

第一,自我总结。

不要等别人的评价,更不要依赖别人的评价,自己做过的事情,自己一定是最有发言权的总结者。自我总结的时候思考两个方面:做得好的地方和可以提升的地方。在执行计划的过程中,哪些地方做得好,即便结果很糟糕,也不要否定过程中的努力和用心,一定要找出来那些做得好的地方。同时,思考如果下次遇到类似情况,有哪些可以提升的地方。这两个方面可以让过程中的价值得以提升。

第二,关注四类事:开心的事、感恩的事、助人的事、成就的事。

关注开心的事,是在调动自己的积极情绪;关注感恩的事,是在关注系统给予自己的支持;关注助人的事,是在关注自己给予系统的回报;关注成就的事,是在关注自己能力天赋的展现。这四类事情,不仅在总结的时候要关注,在执行计划的过程中也要关注,久而久之,这种思维方式就会变成自己的生涯视角。

第三,自我嘉许,也就是表扬自己,这是一种自我赋能。

可以用这样的句式:我做得非常棒,是因为……保持这样的习惯,可以让一个人充满自信。对未来的信心,可以唤醒创造力。

二、时间管理

实践梦想需要资源。能力、经验、学识、信息、对于自我的认知,以及人脉、金钱,都是资源,然而,所有这一切,都需要通过时间来进行持续的积累,那么如何使用时间,就成为所有梦想实践者需要关注的重要问题了。

时间,是每个人都有的资源,却不是每个人都能使用好的资源。

说到时间管理,可能有的人就会感觉心烦。孩子不会进行时间管理,做事情总是磨磨蹭蹭,做作业慢,早起穿衣服慢,吃饭也慢,学习效率特别低。父母看在眼里,急在心里,很不理解,为什么简简单单的事情,非要一遍遍地讲?为什么吼叫都不起作用?真想替他们做事啊!其实,每个孩子都有自己的发展阶段,父母大可不必为此烦恼。接纳孩子的状况,与此同时,潜移默化地言传身教,让孩子知道什么是正确的习惯,怎么进行时间管理,等他们到了可以自控的年龄,自然就可以利用好时间资源。

可现状是,很多父母自己尚且不能做好时间管理,没办法成为孩子的榜样。比如,有的人整天忙忙碌碌,却不知自己忙了什么;也有的人开始时有目标、有计划,信心满满,也想学习新东西,但打开门看到了外面的世界,又退缩了;有的人觉得教育孩子太难了，孩子还小，等孩子大点再说吧，结果，孩子长大后跟不上时代的发展了；有的人很焦虑，没有目标，不想随波逐流又不知道自己想要什么；有的人没有时间兼顾工作与家庭，没有时间运动，没有时间体验新东西……可能还有的人为此看了时间管理和精力管理方面的书，却依然不会管理时间。那么如何从生涯视角去管理时间？管理生涯呢？

1. 觉察时间管理状况

首先，来做一个小练习。梳理自己的时间——过去的72小时，你都在做什么？

可以在一张白纸上画出72个小格子，每一格代表一小时。按照时间顺序，回忆自己过去3天都做了些什么，看看时间都花费在哪些方面，用不同颜色的笔，在时间表格中把不同的事情涂上不同的颜色。

过去的72小时中，你有的时候在休息，有的时候在工作，有的时候在娱乐，有的时候在学习，有的时候在做一些日常的活动。还有些时候，你可能不记得自己在做什么，可以用灰色把它画出来。

画好之后，看看你的时间管理表格，思考一下：刚过去的72小时里面有多少灰色？你的时间都是如何分配的？你的时间的真正主人是谁？

我们发现，有的人连时间怎么分类都没有想过；有的人的时间分类精致得像广式点心；有的人的时间安排像大烩菜，杂乱无章。我们还会发现，有些时间是自己可控的；有些时间是不可控的，被外在的人和事所占用。我们需要思考，不可控的部分是怎么造成的，有没有一些时间是因为没有仔细规划，所以变成了"公共资源"，任何人、任何事都可以随意占用。

2. 时间颗粒度

英国著名博物学家、教育家托马斯·亨利·赫胥黎说："时间最不偏私，给任何人都是二十四小时，时间也最偏私，给任何人都不是二十四小时。"这似乎是一个"相对论问题"，为什么看似同样长度的时间在不同人那里会使用出不同的长度呢？这和每个人对时间的使用方式有关。

时间颗粒度，就是一个人安排时间的基本单位。有的人的时间颗粒度可能是 0.5 小时、1 小时，有的人可能是 3 小时，甚至是 4 小时、5 小时。

每个人都有自己的时间颗粒度。有的人是以天为单位进行时间安排，有的人却是半天，甚至 1 小时。有一位记者采访王健林，她和摄制组迟到了 3 分钟，结果王健林当着她的面，坐着车绝尘而去。这位记者感慨地说："1 分钟不等，一点面子不给，老王就是霸气。"其实不是老王霸气，而是对于记者来说，时间颗粒度也许是 1 小时。而对于王健林来说，时间颗粒度可能就是 3 分钟。如果你理解了"时间颗粒度"的概念，就会明白要恪守时间，也就会理解并尊重别人的时间安排。

3. 让时间与规律合拍

有一本书名为《奇特的一生》，书中的主人公柳比歇夫，是苏联的昆虫学家、哲学家、数学家。同时，柳比歇夫在时间管理方面是一个传奇人物，他发明了时间统计法，他对于时间的管理很值得我们学习。

柳比歇夫从 26 岁开始，记录他每一天所做的每一件事情所花费的时间，时间开销日记的格式是：日期＋事件＋花费时间，每天记录 5~7 行。同时，他通过时间统计法，对自己进行了研究和试验。试验在写、读、听、工作、思考各方面，他到底能干多少，怎么干。他不让自己负担过重，力不胜任。他总是循着他能力的边缘前进，他对自己能力的掂量十分精确。然后，按照轻重缓急安排自己的时间。如此往复，从不中断，直到他 82 岁生命结束。

柳比歇夫生前发表了 70 余部学术著作。其中有科学史、农业、遗传学、植物保护、哲学、昆虫学、动物学等，有些著作被广为翻译出版。此外，他还写过回忆录，追忆许多科学家。每年写几百封的回信，大部分回信可能就是一篇论文了。

很多人可能会觉得，他一定是个工作狂人。可是，根据记录，柳比歇夫每天工作时间最多的一个月份是平均每天 7 小时。一般来说，平均每天工作时间在 5 小时左右。

柳比歇夫认为，计划，就是挑选时间、规定节律，使一切都各得其所。他给自己的一天进行了非常精确的时间安排：清晨，头脑清醒，看严肃的书籍（哲学、数学方面）1~1.5 小时，然后看轻松的读物——历史或生物学方面的著作，脑子累了，就看文艺作品。他能做到随时随地利用时间的下脚料。比如，每一次散步都用来捕捉昆虫；在那些废话连篇的会议上演算习题；短距离，如两三公里路，选择步行，省得为了等车浪费时间，损耗神经，因为反正还要散步；出门旅行时，他一般带两三种书，看小部头的书，学习外语；坐电车有座位坐时，不仅可以看书，还可以写字，如果车上很挤，就看小册子。

柳比歇夫并不觉得辛苦，因为他让时间的安排与自己的节奏合拍。每个人都有属于自己的节奏，关键是要主动发现、积极调整，认真安排。

三、觉察

梦想在实践的过程中，需要更多的觉察，用觉察来帮助梦想不断升华。那么，觉察是什么？如何才能做到觉察？

觉察就是一种看见，看见自己一般不易看到的地方。有了觉察,就能帮助我们实现在实践梦想过程中的成长。

这里有几个觉察的维度,从这几个维度来训练,慢慢就提升了觉察的能力。

1. 觉察进度

在实践梦想的过程中,通过一些设置,按照计划执行,会让我们迅速适应执行的节奏,然后慢慢进入一种无意识重复的状态,进而逐渐养成一些习惯。比如,每天写一篇文章,每天早起。对执行进度的觉察,会让我们对执行过程保持敏感。

在执行计划的空档期,在计划的阶段性节点上,问自己三个问题。

【进度觉察三问】

1)现在,进程进行到了哪里?
2)这样的进度与之前的计划有什么不同?
3)接下来要做什么调整?

2. 觉察满意度

在实践梦想的过程中,我们会有意无意地进行评价,或是与人比较,或是进行自我评价,或是评价结果,或是评价行为、过程。如果是有意为之,我们会知道这样的评价来自哪里,是否有价值。

但是，来自潜意识的评价却总是悄无声息地影响着我们，比如，因为自卑，会产生潜意识中自我否定、自我贬低的评价，进而做事畏首畏尾，让自己少了很多可能性。再比如，因为过度自信，会产生潜意识中的盲目自大，进而忽略风险，忽略协作。觉察，可以让这些潜意识浮出水面，进而可以认真地审视它们，然后，再做更为理性的判断。

【满意觉察三问】

1) 结果满意度是多少？
2) 最满意的部分是哪些？为什么？
3) 如果可以提升满意度，那是因为做了些什么？

3. 觉察收获

在总结的部分，我们已经做了梳理，要看"做得好的地方"和"可以提升的地方"。如果要对收获进行更深一步的觉察，不妨问自己三个问题。

【收获觉察三问】

1) 三点最重要的收获是什么？
2) 这些收获对我的价值是什么？
3) 这些收获对我未来的影响是什么？

这些问题会把价值固化，并放大。

4. 自我建构

觉察的意义，不仅仅在于发现和调整，还在于建构。在觉察中，我们可以进行自我塑造和延展，不会停留在就事论事的层面，可以换不同的角度，穿越不同的位置，来进行觉察。

【建构觉察三问】

1）如此发展，我会成为一个什么样的人？

2）这是我想要的吗？我想成为一个什么样的人？

3）未来理想的自己会对现在的自己说什么？

通过觉察，来提升自己，也升华梦想。

提升：问题解决与状态调整

一、学生阶段常见生涯问题的解决之道

我们不是为问题而活，但是人的一生中一定会面临各种各样的困惑和问题。那么，我们以什么样的状态来面对这些问题呢？如果把问题看作障碍，那这些问题的出现，就只会影响我们拿到结果，耽误我们实现目标。如果把问题看作障碍，我们就会不胜其扰，处于一种战斗状态，总在和这些问题对抗。

"将问题视为障碍"是一种很常见的状态，甚至这样的态度都已经成为很多人的潜意识，习焉不察。比如，人们在比"谁的能力更强"的时候，就是在比谁解决问题的能力更强。再比如，很多人就把人生看作跨栏跑，每经过一个坎，就松一口气。这样的人生，想想都会觉得很累。

解决问题是我们需要做的，但是，如果换一个视角呢？问

题并不是障碍，它们只是我们成长道路上的陪练。正是遇到了一个又一个困难，我们才会经历一次又一次不同科目的训练。在训练中，我们提升了自己，获得了成长，让自己变得越来越美好。如果是这样，我们就不会再厌恶和拒绝问题的出现了，反而会充满好奇地拥抱问题——这一次，又将是什么训练科目呢？

这不是蒙眼前行的自我欺骗，事实上，这样看待生涯的视角让每个人都有权利选择。

我们不是盯着最终结果过活的人，因为人生本没有标准答案。我们需要梦想，梦想在不断地升级拓展，那是我们成长的信号。完成目标的过程，记录着我们成长的痕迹。人生就是这样不断地自我实现着，在这个过程中，只有出现的一个个问题、一个个障碍，才是我们最好的训练场。

从生涯发展来看，没有任何一个阶段遇到的问题是小问题。不同阶段遇到的问题对于当下的能力资源来说，都需要我们认真对待。成年人遇到的所有问题，在未成年的时候都遇到过，只是换了不同的内容而已。所以，我们关注孩子的成长，就要关注他们在成长的过程中对遇到的每一件事的处理，关注他们的能力提升。

一个3岁孩子遇到的两个糖果选择其一，一个7岁孩子遇到的多种活动选择其一，一个16岁孩子遇到的未来学习科目的选择，一个 18 岁孩子遇到的高考志愿填报，和一个成年人遇到的是否跳槽、要不要转行、换城市这样的问题来比，难度丝毫没有降低。如果，父母或老师在孩子 3 岁、7 岁、16 岁、18 岁的时候，从来都没有给他成长的机会，不让他们学会面对和处理问题。那么，到了 28 岁、38 岁、48 岁的时候，这些问题依然会出现，只是这时候，需要他们自己去面对了。

所以，教育者们需要关注孩子遇到的问题，更需要关注他们的成长。

1. 学生阶段常见问题之一：目标缺失

学生的目标缺失问题，往往出现在高年级。其实，这样的问题很早就已经萌芽了，只是，很多时候没有引起足够的重视，到了高年级才忽然发现——做什么都提不起兴趣；谈到"将来的理想"时一脸茫然；说到"为什么学习"时却没有答案。到了这个时候，父母开始着急了，甚至在想，怎么能糊弄着考上大学。

父母盼望着孩子考上大学，以为到那个时候就好了，至少，那似乎开始不是自己的责任区间了。不要以为孩子年龄大了，一切问题就会自动消失，有些问题可能还会越来越严重。这一点，大学老师深有感触。进了大学，学生的自由空间更大了，原来没有目标的问题就会被放大，痛苦也就会越大。

有位老师分享了一个令人心痛的故事。高一学生小妮，初中时一直是班里的第一名，进入高中后，学习强度加大，甚至经常凌晨三点就爬起来学习。尽管如此勤奋，可她在班里的成绩只是中游，压力与日俱增，状态恍惚，家人看见她状态不好，说了句"没关系，考什么样都行，不要有压力"。结果，孩子不愿去上学了。她说："我一直想考第一，就是为了让他们高兴，他们说无所谓，我突然不知该干什么了。"老师问她的梦想是什么？有什么目标？她"唉"了一声，低下头不再说话。许久以后抬起头，问："老师，你说人活着到底有什么意义？"

这样目标缺失的情况可能并不少见，出现这样问题的根本原因在于兴趣拓展不足，没有发展出来足够的兴趣，可关注的事物非常有限，而且可能还不是自己喜欢的，怎么会有动力继续学习、研究、发展呢？我们在第二章讲解了通过一些方法来发展兴趣，加强自我认知。这里，可以通过以下方式来处理目标缺失的问题。

1）测评定向

通过一些心理学中关于兴趣的测评来评测一个人兴趣的大概指向。这个方法的使用有一个场景，就是一个人确实对自己没什么了解，长期以来，没有发展过什么兴趣，此时，可以使用测评。

使用的时候也有两个条件：一个条件是受测者的年龄不宜

太小，年龄小的时候，应该更多地去尝试探索，而不是测评，探索是一种发现和发展。不管测评量表多么科学，过早通过测评来确定一个人的兴趣特征，不免会有失偏颇。另外一个条件是测评须有专业人士进行解读，否则只是看一个结果，可能会理解错误。从兴趣测评中，或许可以看到自己的目标和方向。

2) 人物访谈

找到身边的资源，做不同行业、职业人物的访谈。可以让孩子通过父母亲友的关系找到这些人，也可以参加一些分享会、讲座、论坛，主动和讲者连接，和参与者连接。在访谈过程中，了解他们的工作情况，了解他们的日常，从其中发现自己感兴趣的地方，或许就是可能的目标。

3) 参与实践

所谓实践，就是一些有目标的活动。实践的方式有很多种，不只是去打工、做兼职。年龄小的孩子参与一些兴趣班也是实践，大一点的孩子完成某个课题研究，进行某个主题的讨论，这些也是实践。现在经常讲的研究性学习、项目式学习，都是实践。在实践中，或许也能找到让自己感兴趣的事情。

总之，目标缺失是一类很简单但又不容易解决的问题，因为这样的问题由来已久，一旦出现，就一定是很早就积累下来的。

作为父母和老师，不仅要帮助孩子拓展兴趣，引导他们进行探索，还要在平时的生活中注意保护孩子的好奇心，这是孩子认识世界的最基本的机会和原始的动力。如果孩子对手机游戏感兴趣，父母是不是只会想到玩物丧志和伤害视力？如果孩子在书店里看到感兴趣的漫画书，父母会不会觉得这和学习没关系，就不应该看？如果因为这些担心而关闭了孩子认识世界的大门，他们一定会陷入一种单调而无趣的世界，在未来，也很难发现让自己兴奋的目标。

保护孩子的兴趣，既不是放纵他们，也不是完全放手，而是有保护地引导和指导，不要因为大人的局限而限制了孩子。

在这方面，美国堪萨斯州一所乡村学校的康拉德（Conard）老师是一位榜样。

1999年，康拉德老师的4名中学生，在搜集资料参加学校的历史主题活动时，有了一个意外发现，在一篇名为《其他辛德勒》的简短报道中，提到了一个名字——艾琳娜·森德勒，对她的介绍只有简短的一句话"在二战时，她从犹太封锁区救出2500多名儿童"。4个学生面面相觑："这不太可能吧？是不是将250错印成2500？辛德勒才救了1100个犹太人，如果她救了2500多个，我们怎么从没听说过她的名字？"

4名学生赶紧向老师求助，不曾想老师也怀疑这是印刷错误，不过一向鼓励学生独立思考的康拉德老师，并没有急于否认孩子们的发现。他鼓励孩子们主动去探寻事情的真相。有了老师的肯定，4个孩子立马上网搜索艾琳娜·森德勒，不过令人失望的是，关于她，网上只有两个词条，且全部来自同一个网站：犹太正义基金会。几个孩子马不停蹄地发邮件向基金会询问，最终确认2500这一数字无误，却没有其他任何关于艾琳娜的信息。

接下来的几个月，4个中学生利用放学、周末、假期的时间，不断往返于档案馆、图书馆查找各种二战资料。她们甚至一一查看了二战纪念碑的所有名单，希望找到艾琳娜最后的安息地，但最终依旧一无所获。或许是孩子们苦苦追索的坚持打动了上天。在她们走投无路的时候，犹太正义基金会传来一则令人振奋的消息：艾琳娜还活着！她现在住在波兰华沙，已经是90岁高龄。

伴随老人被发现而随之显露出来的，是一段震撼世界、久久不为世人所知的伟大历史。第二次世界大战之后的54年间，艾琳娜过着普通人的生活，从未对人讲起救过2500多个孩子的英雄事迹。直至1999年，在4个中学生的苦苦追寻下，才将艾琳娜的尘封往事带给全世界。

这4个学生最终也凭借挖掘出艾琳娜的这段故事，获得那一届历史主题竞赛全国冠军。她们受邀在堪萨斯州做巡回演讲，最后干脆把艾琳娜奶奶的英勇事迹编排成一台话剧《藏在广口瓶中的生命》，在堪萨斯州巡回演出，然后一传十、十传百、纽约、美国、北美……艾琳娜老人的故事，开始传遍全世界。

迟暮的英雄也收到了各种姗姗来迟的荣誉，波兰总统和夫人亲自到养老院去看望艾琳娜。2003年，教皇保罗二世亲自写信给艾琳娜，赞扬她在战争期间的卓绝努力。2003年10月，她被授予波兰最高荣誉白鹰奖，她的形象还被印在了2009年的波兰纪念银币上。2006年7月30日，96岁高龄的艾琳娜在德国慕尼黑举行的纪念仪式上接受荣誉勋章，出席仪式的许多人都是当年她营救的犹太儿童。同年10月，96岁的艾琳娜获得诺贝尔和平奖提名。

你是否能想象，4个中学生，一则简短的报道，就这样"改变"了世界历史？如果当年她们的康拉德老师没有鼓励她们去探寻真相，只是敷衍地回应："别管闲事，那就是个印刷错误。"或许这段英雄故事将被永远尘封。

当年发现艾琳娜·森德勒的4个女孩，如今都直接或间接从事教育工作，人生轨迹至此改变。她们的康拉德老师，在艾琳娜逝世十周年的时候，波兰政府为其颁发荣誉证书，感谢他和他的学生，为波兰、为世界，发掘出一位伟大的英雄。话剧《藏在广口瓶中的生命》，从最初只能在小剧场演出，到如今被全球各大剧场邀请，参演者依旧是堪萨斯州乡村学校的孩子。

2. 学生阶段常见问题之二：焦虑自卑

焦虑自卑也是学生中常见的一类问题。学习成绩不好的孩子自卑，学习成绩好的孩子也自卑，而焦虑又是常见的情绪，从父母、老师到孩子，普遍都有。除了情绪调整之外，焦虑和自卑还要从具体的事情上进行调整。

焦虑自卑的主要原因是能力不足，除了提升规划能力，努力做好规划之外，还要注意以下三点。

1）发掘自己的优势，向内寻找信心

每个人都有自己的独特优势，如果只是关注劣势、缺点和不足，自然会感到焦虑自卑。我们要学会对能力进行分类，哪些是自己做得好的，哪些是有待提升的，哪些是尚不明确、可以尝试的。通过梳理和呈现，更多地关注自己的优势时，信心就会出现了。

2）借助系统，提升自己

焦虑有时候源于孤独。独自做事，资源不足是很常见的，这时候如果能够看到更大的系统，我们就能发现身边的资源，此时，焦虑也会降低。比如向有经验的人请教，和同学互相监督等。

3）通过刻意练习，提升能力

有些问题的出现，就是在提醒我们的能力不足，此时的焦虑只会影响事情的进展。不妨正视问题，直面需要提升的地方，通过学习和刻意练习，投入更多的时间与精力等资源，死磕到底。问题解决了，焦虑自然消失；成就感出来了，自卑自然消失。

除了这些方法，还要帮助孩子通过一些认知来解决自信不足的问题。是否自信，不仅源于能力，还源于自我评价。帮助孩子认识到，在不同阶段自然会有不同表现。一个新手，不可能像一个熟练的老手那样游刃有余。要学会客观评价自己的能力，降低自我期待，及时调整目标。在循序渐进中，保护自己的信心，其实是保护了自己的重要资源。

孩子自信的建立和父母、老师、周围人的评价也有很大关系。特别是父母，要能接纳孩子，接纳孩子所有的现状，包括学习不够好、唱歌有点跑调、学习不够主动……孩子的所谓缺点也是其独特性的一部分。陪伴孩子成长，把其优势打磨得闪亮，孩子在优势上体验的成就事件，会迁移到其他方面，让整个人更自信。

父母要尊重孩子的选择，不乱评判，要信任孩子。在生活中，穿什么颜色的衣服，穿不穿秋裤，梳什么发型，跟谁是好朋友，吃饭吃多少，在安全健康的前提下，这些问题让孩子自己做选择。如果孩子连穿什么衣服、吃什么饭都得听妈妈的，不敢自己做主，那哪里来的自信？只有在这些小事中实践，训练并提升各种生涯能力，孩子在遇到选择中学、高考选科、高考志愿填报这些大事的时候，才会有底气。

3. 学生阶段常见问题之三：动力不足

学生阶段还有一类常见的问题是动力不足，除了因为缺少兴趣、缺失目标所导致的动力不足之外，还有一类导致动力不足的原因，是做事情的价值回报不足。

大家都知道，动力就像引擎，是做成一件事的重要因素。我们常常说孩子没有学习动力，就像一艘缺少发动机的船，在大海中航行，被波涛拍打得筋疲力尽。父母和老师常常为此愤怒，可是我们有没有想过，他们其实也特别累、特别辛苦。

有一所中学，每周有一天家长开放体验日。这一天要求父母跟孩子同时间到校，按学生的作息时间上课、出操、吃饭、放学。开始有很多父母来体验，但是多数父母到上午第三节课时就受不了了，能坚持到下午放学的更是寥寥无几。他们纷纷表示，孩子在学校真不容易。尤其是成绩不够好的孩子，这一天会存在太多困难，这些困难会把孩子打击得无比痛苦和无力。

对成年人来说，如果收入少、成就感低，会出现动力不足的情况。对孩子来说也是一样的。价值回报不足，经常体现在：反馈链条太长——现在的学习是为了多年后的高考，甚至是为了将来的职业发展，这样的反馈很难立刻看到，孩子的学习动力自然不足；或者孩子不知道勤奋学习带来的价值可能是什么，不确定而且模糊，在成年人世界里默认的价值，比如，好工作、好生活，在孩子那里其实并没有这个概念。

可以用以下的方法来激发动力。

1）探索价值，明确孩子想要什么

父母如果按照自己的价值期待来和孩子沟通，往往很难得到回应。比如，有些父母会说："好好学习，将来才能有好工作。"孩子可能对好工作没有明确的想法，自然刺激不到他们。再比如，有些父母会说："考个好成绩，给你奖金。"这样的方式不仅不正确，而且这样简单的刺激，真不如一些精心准备的礼物来得有价值。

一位爸爸问自己上一年级的儿子想要什么生日礼物，孩子说只想要贴画，因为他想拿贴画送给全班同学。这样的答案超出了爸爸的预料，他从没想过，给同学买贴画，竟然是孩子的生日愿望。只有知道孩子喜欢什么、期待什么、想要什么，才能给他们正确的价值回馈，才能激发他们的动力。

有一个孩子从小学到高中成绩一直都不错，是大家常说的那种"别人家的孩子"。但是上高二以来，他突然说不想上学了，觉得上学没什么意思。妈妈愁坏了，找到班主任问："孩子怎么会变成这样子？是不是出问题了？是不是变坏了？"班主任告诉她，这是孩子成长过程中常见的问题，她很惊讶。

后来，班主任主动和孩子交流。孩子说"每天做题，不知道意义在哪里"。他问理科老师一些感兴趣的问题，老师会说他想得太多了，别纠结那些偏题怪题。语文和英语学习起来有点费劲。这个孩子每周都想回家，买本杂志，看看电视，摸摸自己的电脑。班主任发现他很有想法，于是，就从他爱看的杂志和电视节目谈起，了解他的兴趣和梦想。知道他喜欢科技，喜欢创新，当聊起物联网时，他的眼睛会闪亮，他的梦想是通过科技改善生活。老师又和孩子聊了梦想计划，遇到困难该怎么办，该如何求助等问题。

这个男孩找到了自己内心想要的目标，学习的动力逐渐恢复。高考后自己填报志愿，考取了北京科技大学的物联网工程专业，之后被保送到北京航空航天大学的电子信息专业读研究生。

明确了自己的方向，就像心中有了灯塔，照亮孩子前进的路。

2）树立榜样，给孩子注入力量

作为个体，孩子处于一个个群体中，学校是群体，兴趣班是群体，同一个小区的伙伴也是群体。在这些群体中，自然会出现榜样，可能就是同学、小伙伴，学习好的、品德高尚的，他们因为做得好，而获得了荣誉，获得了成就感。这样的榜样出现，会让孩子想到，如果这么做，我也可以。还有一些英雄、社会模范，甚至是虚拟人物，他们也会因为群体的推崇而成为榜样。

有一位乡村教师，跟他的学生约定，让他们上大学后，每隔一段时间，要给他和他新班级的学生写封信，一是跟他的学生们介绍大学生活，二是跟老师汇报自己的成长。这些信不是私密性的个人邮件，会被他贴在黑板旁边的展示栏。同学们下课会去看学长的来信，在学生们背书或者默写的时候，这位老师常常陶醉地阅读那些学生来信。学生们从那些信里获取的信息是鲜活的、有温度的、有爱的、有魅力的。在没有网络、信息闭塞的农村中学，这就是来自大学的现场直播。

一位物理老师在讲授"电动势"时，远程连线自己的一位同学，也是自己学生的学长。这位学长来自大亚湾核电站，他跟大家介绍大亚湾核电站的发电原理和工作状态，让学生体验真实的发电，体验科学，体验职场。学长告诉大家，你们也可以用手边的材料发电。课堂上，同学们兴趣盎然。

榜样的力量会激发孩子的动力，因为从别人身上可以清晰地看到梦想的实现。在社会学习理论看来，模仿是重要的学习机制。人之所以学会某种态度和行为，因为是经常对榜样模仿的结果。孩子的很多态度和信念往往也是通过模仿父母或自己崇拜的人获得的。

3）阶段反馈，让孩子看到改变

有时候，需要长时间的努力才能拿到一个结果，而在这一过程中，困难和挫折的反复出现会消磨人的意志。成年人尚且需要不断的激发才能持续努力，更何况孩子呢？对孩子进行及时的反馈，特别是正面的反馈，会让孩子动力满满。

一个好的老师，特别善于拆分学习任务，把每一个阶段的学习任务细分出来，每完成一个任务，就会获得一次奖励。这个奖励可能只是一次因为学习的获得感而带来的内心喜悦。看到成长，看到改变，在持续的反馈中，动力也就像汽车加油一样，持续补给。

此外，还可以利用系统的力量支持孩子，比如，对自己的目标进行公开承诺，互相结对，互相监督支持，这些方式都可以激发孩子的成长动力。

二、生涯教育的抓手：能力提升

在实践梦想的过程中，一定离不开能力的运用，而生涯教育的重要抓手，也是将各种生涯意识融入具体的日常家庭生活和教学活动中，以培养和提升生涯能力。面向未来的生涯挑战，整合各阶段的生涯任务，我们把青少年阶段要发展的各种生涯能力融入一个模型——"雏鹰模型"。如图3-4所示。

图3-4 青少年生涯能力雏鹰模型

这个模型中涉及五个方面的重要能力，按照互为补充的方式呈现。这些能力都不是指一种能力，而是一类能力，而且这些能力之间互相有所交叉补充。这样的划分方式，只是为了从一些维度上进行说明，进而提醒我们在实施生涯教育的时候，关注这些维度。

1. 鹰之眼：信息加工处理能力

对一只鹰来说，有敏锐的眼睛可以捕捉猎物的信息，对青少年来说，需要早早地培养信息加工处理能力。一方面是收集信息的能力，接到一项任务，如果是自己不熟悉的领域，是否能够收集到相应的信息，如果信息浩如烟海，是否能从繁杂的信息中找到自己最想要的。另一方面是对于信息的加工处理能力。拿到信息之后，如何鉴别真伪，判断价值，然后如何使用，这都是在信息爆炸的时代一个人需要具备的关键能力。

对学生来说，如果进入学校教育体系，从一开始就被塞进了一堆的教材教辅，告诉他需要按部就班地学习，然后每次考试都在阅读书目的范围里，考试不超纲。那么，这样的孩子进入社会，进入一个现实的世界，该如何适应呢？我们见过有些成年人，竟然不会购买车票、机票，不会一个人独自出门，这样低的信息加工处理能力，连基本的生活都保障不了，恐怕很难发挥价值，也很难自我实现。与此相对，有些孩子在很小的年纪就会上网搜资料，没有问题能难得倒他们，如果他们不清楚，就会去搜索，主动请教，在最需要成长的年龄，他们尽量把这个世界都装进了脑子里。

2. 鹰之体：自我认知能力

这也是一类核心能力，把它放在了雏鹰模型的躯干部分，是想说明，一个人的成长都是从自我认知出发的，只有了解了自己，一个人才会更有力量。现实的教育很缺乏这部分能力的培养，很多孩子不仅缺乏自我认知的意识，更缺乏这样的能力。

于是，就很容易出现两种倾向：一种倾向是被别人贴标签，被别人的评价左右。我们对这样的事情并不陌生，比如谁是"好学生"，谁是"勤奋但不聪明的孩子"，谁是"内向不爱说话的孩子"，谁又是"脑袋不灵光的孩子"等，这样的评价很有可能就像咒语一样，伴随孩子终生。自己没有认知，别人就会给一个他们眼里的标签。这也是很多人迷茫，找不到自我的原因。

另一种倾向是没有在内心形成坚定的自我认知，又不能认同外界评价，就会在对抗中迷失自我。这样的情况大多出现在青春叛逆期。其实，这和前一种倾向都只是不同的外在表现而已，内在的原因都是一样的。即便是对抗，即便是叛逆，也是非常苍白和无力的。一旦你问他，"你不认同，那你的自我评价是什么？"他就会不知所措。有时候人们会想到要培养孩子的独立思考能力，但是，独立思考表现在方方面面，不是一种可以单独训练的能力，而是依托于对每件事的独立思考，很多与自我相关事情的独立思考，就源于清晰的自我认知。

3. 鹰之翼：独立能力和合作能力

这是雏鹰模型的两翼，把他们放在一起来讲。大家都很清楚在这样一个全球化的时代背景下，合作的重要性，而合作能力可以体现在以下三个方面。

首先，是共情理解的能力。这是一个基础，就像一个人只有接纳了自己，才有可能让自己的优势发挥一样。一个人只有和他人共情，理解了他人，才有可能打开合作的通道。

其次，是沟通表达的能力。合作的基础是沟通，一个人可以不善言辞，但也要善于沟通才能与他人合作。沟通能让合作双方互相理解，从而尽快在关键点上实现一致。

最后，是领导前瞻的能力。这是合作的更高层次，合作不仅仅是一种被动地把事情做完的状态，还要有主动意识去创造可能。这样的主动创造，就是一种领导。而能够前瞻到合作方向的人，会更加主动地推动合作，成为合作的主导方，这对于合作来说，是一种更高的层级了。

我们需要合作，但是也不能忽略独立的能力，一个人越是善于合作，就越是善于独立，两者相辅相成。因为独立是一个人人格完善的体现，拥有更强独立能力的人，才有更多的合作机会。

独立的能力体现在三个方面：适应能力、问题解决能力和决策能力。这三个方面既与职场生活息息相关，也与孩子的生活密切相连。比如转学、升学，进入新的环境、新的学段，都需要适应能力。一个学生在学业过程中遇到的每一个挫折和困难，都需要问题解决能力。而决策能力就更不必说了，每个人每天都会遇到。

对于这些能力，我们的生活就是训练的土壤，只是我们经常浑然不觉，没有去训练和培养孩子这些能力，而是包办、代办，抢夺了孩子们成长的机会。

4. 鹰之尾：规划的能力

一只鹰能飞得高、飞得快，尾部起到了很大的作用，尾部可以调整速度、改变方向、平衡身体、控制升降。对于生涯能力来说，规划的能力也有类似的作用。说到生涯，大家最先想到的就是生涯规划，而且会以为所谓规划，就是寻找一个"最适合的目标"，这其实是对规划的曲解。

规划能力其实是一种管理能力，体现在对梦想的管理、对目标的管理、对自我的管理、对过程的管理。所以，说到规划的能力，既有对自我管理的部分，比如时间管理、精力管理，又有对过程管理的部分，比如，制订计划、学会总结、风险评估、寻求支持等能力。

以上这些能力既是为未来做的准备，也是在当下的一种成长。所以，如果说生涯教育有抓手的话，那就不妨抓住这些能力的培养和提升。在"有形的"教育中，"无形的"意识与能力就培养出来了。

三、调整状态的法宝：生涯视角

有一个儿童保护组织，名叫解放儿童组织（FTC：Free the Children），他们的口号是孩子帮助孩子（Children helping children）。令人惊叹的是这个组织是由一个12岁的加拿大男孩格雷克·柯伯格发起，并通过代言、领导和行动来协助世界各地儿童的一个国际性组织网络。

格雷克获得过罗斯福自由勋章、加拿大总督功勋奖、世界青年奖，担任联合国儿童大使，被评为"未来全球领袖之一"，三度被提名为诺贝尔和平奖候选人。

可以想见，这样一个组织的建立一定颇多周折，一个12岁的孩子跑遍全球了解童工的情况，进行演讲、募集捐款，并受到各国领袖接见，这并非易事。然而，格雷克做到了。这绝不仅仅是一些能力的体现，更多的是他对世界的看法，是他在面对困难和挑战时的独特视角。

刚发起成立组织的时候,格雷克想:"难道儿童不能站出来,为儿童说话吗?"要一个人出国募集捐款的时候,爸妈不同意,格雷克想:"我能不能争取更多支持,让父母放心?"寻求总理见面,没有得到机会的时候,格雷克想:"还有没有别的办法,让总理看到这件事的意义?"正是这些思考,让格雷克一次次克服困难,获得成功。

一个 12 岁孩子可以做到的事情,一个成年人未必做得到。

我们一定遇到过这样的情况:短时间内,我们的知识没有增加,技能没有提升,但是解决问题的思路却发生了改变。我们一定也遇到过这样的情况:经过长时间的学习和训练,结果却并没有什么改观。这一切,都与我们的认知有关,与我们对事情的认识和态度有关。

生涯教育的重要目的,就是帮助一个人丰富看待世界的维度,以此增加一个人的生涯智慧。在平日里,我们为什么会感到缺少动力,缺少方法,缺少资源,缺少创造力,那是因为我们没有把自己打开,没有调用好所有的资源,我们对自己的资源利用尚不充分,此时寄希望于缓慢的技能和知识增加,岂不是舍近求远了吗?有时候一些想法一经翻转,就会看到更多的可能性。

那么,如何打开自己?

以下这些视角以提问的形式呈现,认真回答每一个问题,可以帮助我们在面对困难的时候调整维度,更好地调用资源,如果平时有意识使用，就会在潜移默化中形成我们的思维模式，提升我们的能力。

在阅读下面的内容之前，可以尝试着先把自己的一些困惑理出来，然后对照以下这些视角来看看，或许会有不一样的发现。

1. 内在的视角

这个视角是从自己的内在出发，不再被外界的困惑所束缚，从自己那里找答案，此时会有动力出现。以下这些问题，请认真回答，而不要浮于表面，应付了事。

【内在视角四问】

这对你来说，意味着什么？

你内心真正渴望的是什么？

这对你的价值是什么？

如果你的调整能让改变发生，你会做什么？

比如，孩子学习钢琴，刚开始是出于兴趣，学了一段时间后，就会因为枯燥而产生畏难情绪，想要放弃。面对这样的情况，可能父母既司空见惯，又无可奈何。此时不妨和孩子一同探讨学习钢琴的意义，引导的方向不能是为了考级，不能是为了升学，因为这并不能产生更强的动力，应该是为了让自己未来的生活更美好，这样的价值会更大。

2. 未来的视角

未来的视角是让人跳出当下的困境,从未来看现在。这是一种重要的生涯视角,我们往往会陷入当下的局限,如果把时间线拉长,或许好多问题都有了答案。

【未来视角四问】
如果站在未来看现在,你会有什么发现?
未来的你,会对现在的你说些什么?
三年之后,如果重新想起这件事,你会怎么看?
如果未来的一切如你所愿,那会和现在有什么不同?

比如,孩子和小伙伴闹别扭了,不知道该如何处理,既心存芥蒂,不愿认错,又有些不舍。处理这样的人际关系问题,对孩子来说,确实是一个难题。此时,不妨和孩子进行深入的探讨,从未来看,这样的关系意味着什么。往往当下的一个难题,放在长远的时光里看,可能就会立刻释怀,不是问题了。

3. 积极的视角

困难和挫折,会让一个人失去信心,这是比失败更可怕的事情。有人能够在一次次挫折中不断调整,有人能够从一种结局中看到多重意义,这是因为他们具备了积极的视角。

【积极视角四问】

如果可以做得更好，你会做什么？

这件事中最有价值的部分，对你有什么影响？

我们做些什么，会让事情发生转机？

即便困难重重，依然能够挺过来，你是如何做到的？

比如孩子在一次考试中没考好，会非常沮丧。当一个人陷入负面情绪中的时候，可能会对自己产生强烈的否定。此时，如果带着孩子一起来积极看待事情本身带来的影响，以及未来可以做的调整，或许，这件事就会完全不同，不仅不是坏事，而且有可能成为孩子成长路上重要的好事。

4. 开放的视角

开放的视角让一个人不再受眼前资源的限制，充分调动自己内在的潜能，看到更多可能性，进而会进行更多尝试。

【开放视角四问】

还有什么？（对，不要怀疑，遇到资源穷尽的时候，只管问出这个问题，一定会有惊喜。）

如果不受任何限制，你还会想到什么？

如果有奇迹发生，还有什么可能？

考虑到更大的系统，你还会想到什么资源和力量？

比如，孩子在做一道数学题，或者进行某种课题的研究，或者参与社团的一个活动组织，正在为某个具体环节发愁的时候，不妨运用开放的视角，帮助孩子打开思路，跳出原有的限制，不断拓展，灵感就会迸发。

或许孩子已经有了一两个思路或者方案，但是又不太满意，这时候，你可以先让他讲一讲自己的想法，然后问他："还有什么？"他一定会接着说下去，直到他说"真的没有了"，再换下一个问题。

5. 具体的视角

有时候困难并不是现实存在的，只是自己的一种畏难情绪，并且被无理由地放大了。通过具体的视角，我们可以看清困难，并把它们缩小。

【具体视角四问】

具体说说那是什么样的困难？

这件事的时间节点是怎样的？

如果给你的承诺设定一个明确的目标，那是什么？

如果10分是满分，那么目前的状况是几分？

比如，一个成绩不太好，同时又很自卑的孩子，你问他考试准备得怎么样，他可能会沮丧地说"糟透了"。这时候不妨和他一起仔细分析，如果最满意的状况是 10 分，那现在准备到了几分？为什么？如果想要提升 1 分的话，还可以做些什么？如果经过认真的准备，可以达到一个什么样的状态？通过具体化的视角，可以帮助孩子看见恐惧，看见困难，也就不再担心了。

希望这五种视角能帮你和孩子一起克服困难、跨越障碍、看到不一样的世界。

升华：梦想的意义在于实践

在追寻梦想的过程中，有一些认知会对我们构成限制，我们要看到，并且调整他们。

一、关注梦想实践的过程

当我们把目标放在结果的实现上时，梦想就失去了意义。大家已经习惯了讲"实现梦想"，所以，看到这句话时，可能很多人会想："实现梦想有什么不对吗？为什么实现梦想会让梦想失去意义了呢？"

1. 未来的建构，让过程充满意义

我们要为未来而活，不管是否有意识，我们都期待着未来的美好。而梦想，恰恰是对未来的建构。这样的建构，让过程充满意义。

一个小孩,梦想得到一块糖,做梦都想,于是,他会表现得听话,和小朋友友好相处。在这个过程中,他学会区分行为是否能获得别人的认可。对于小孩来说,那块糖很重要;对于成长来说,那个过程很重要。

一个小学生,梦想在运动会上跑步得第一名,获得一套文具的奖励。于是,他每天辛苦集训,比赛的时候全力以赴,最终得了第三名。虽然没能得第一名,但是过程中的意义全都实现了。

一个中学生,梦想成为一名科学家,于是他努力学习,考大学,读研究生。毕业了成为一名网络工程师,勤奋工作多年,成为行业专家。单单从目标看,这或许与最初的梦想有区别,但是在这个过程中,他养成了勤奋努力、严谨求真、持续钻研的优良品质,梦想并没有打折。

一个成年人,有一个"变得更帅(更美)"的梦想,于是设立小目标——瘦身5公斤,然后就开始坚持运动,控制饮食,调整作息。最后体重减少5公斤还是4公斤也不那么重要了,重要的是,在这个过程中,他(她)养成了良好的习惯,也进入了良好的状态。

梦想更多是一种期待,模糊的期待不好量化,目标帮助梦想起到了锚定的作用。工作中也是如此,确定目标很重要,实现目标也很重要,但一个个目标并不是梦想,而是梦想分解之后的阶段性成果。同时，这些工作目标组成的成果，既有老板的部分梦想，也有每一个工作者的部分梦想，或是对事业的期待，或是对生活的憧憬。那些目标只是过程中的节点，实现的目标让实践梦想的过程充满意义。

2. 谁也无法真正左右结果，但我们可以决定过程

谈到实现梦想的时候，我们会关注结果的最终呈现。但我们又都知道，结果不可控。有时候是因为机会不可控，我们要做的事情依赖外界出现的机会，这不是我们可以左右的。有时候是因为努力不能带来必然的结果，我们所有的计划都只是基于经验的假设，而事情发展的结果，并不取决于我们的假设，而是有许多不确定性。比如，保送名额今年比去年少了两个，今年高考的作文题超出了学生的认知范围等。

我们最无法回避的，就是无常。考试的时候，出现了一道做过的题目，这是无常；同样的分数，碰上了一眼看中的招生老师，这还是无常。

无常其实不是偶然发生的，只是没有按照我们的预料发生。即便是在学生阶段，无常也总是出现。进入职场，无常更是常客。有时候像是"好事"，因为无常的发生会拉近和梦想的距离，比如，中了五百万的大奖，物质得以丰富，不再为钱发愁。但又一转身，无常可能就变成了"坏事"，比如虽然中

了五百万的大奖,却不能掌控金钱,反为金钱所困。

面对无常,我们不去关注梦想最后是否得以实现的结果,因为结果并非可控。过于关注结果,反倒失去了重点。我们可以做的就是关注过程,关注在各种无常出现之下的应变,关注实践梦想过程中我们的初心。

桑德伯格在斯坦福大学分享职场经验时说到,梦想要远大,但是计划要简短。桑德伯格认为不要一开始就规划完整个职场生涯,这样会错过新的机会。如果桑德伯格制订并执行了这样的规划,她很可能错过去谷歌和脸书工作的机会,毕竟,当她从哈佛大学毕业时,还没有互联网公司这样的存在。谁都无法预料未来的样子,与其陷入无常,不如关注过程中的每一个当下。

3. 如果把关注点放在结果上,就会只有一瞬间的意义

我们把关注点放在结果上,还有一个风险,就是会有"一秒钟兴奋",兴奋过后,可能就是无尽的怅然若失。"范进中举"就是一个典型。

结果毕竟短暂,无论多么辉煌,顶多是点睛之笔,依附的是整个载体。我们既要看到结果的重要,也要看到结果与过程之间的辩证关系。一个学生考入名校,当下固然荣耀,但是这荣耀来自多年的努力,是生涯过程中的一个亮点,也是未来生

涯的开启。只有与之前的努力与未来期待连接，才会让这一刻的价值放大，也只有与之后的发展连接，才能让价值延续。

梦想不是停留在实现了某个结果的那一刻，而是一个过程。

在教育中经常会出现一些短视的行为，比如，一些父母经常会说"考上大学就好了""再坚持坚持，到考完试"，这样的言语，在潜意识中传递着一种无奈、乏味和急功近利的状态，这里面有以下几种含义。

第一，不要管梦想，只有考上大学的目标。对孩子做这样的激励似乎显得十分直接，而且理直气壮，他们认为，那么辛苦学习，不就是为了考上大学吗？然而，考上大学为了什么？考上大学，是一个目标，但这样的目标缺乏生命力，要让孩子看到这个目标背后的意义，这样才会更有动力。比如，考上大学，可以改变命运；考上大学，可以拓展视野；考上大学，可以进入一种人生新阶段，结交新圈子。看到目标背后的意义，就会让人更有动力。

第二，目标单一，形成限制。如果目标只是考上好学校这一个目标，即便是孩子有梦想，也无处安放，比如，喜欢折纸，喜欢太空，喜欢画画，如果他们找不到梦想与考学之间的连接，或者说是看不到强连接，这样的目标，就只能是别人的目标，所以，就会出现"为了父母而学习""为了老师而学习"的情况。

第三，目标实现之后，责任真空。一个孩子如果把目标仅仅是放在考试和升学上，并且这样的目标与梦想没有联系，那么，不仅会因为缺乏动力，让学习的过程变得十分苦闷，而且还会让孩子对未来充满不知所措的恐惧——考上学之后怎么办？

在这种情况下，即便是顺利地考上了大学，也有很多人茫然若失，这也是很多大学生难以适应大学生活的原因。只有不再把关注点放在梦想的实现上，而是梦想的实践上，这才是让生涯充满意义的开始。

有个女孩派派，从中国去了美国读书，准备上 11 年级。她多才多艺，擅长书画、钢琴，写作很棒，数学也总是满分。她涉猎很广，广泛关注财经和设计类的信息。她还主动做社区服务，教小朋友画画。去了美国后，她努力克服语言障碍，第一学期的成绩就全得了 A，并且准备申请大学预修课。这个不服输的小丫头，要赶超美国学霸。虽然，她也并不清楚自己未来的职业目标，但她有自己的努力目标：考上常春藤学校。

这个考上好大学的目标是孩子自己制定的，她之所以有这样的梦想，是因为她把考上好大学的目标和"证明自己的卓越"连接在了一起，和"攀登高峰"连接在了一起。从这个角度看，考大学就变成了一个有内驱力的目标。可以预见，派派也绝不会止步于考上常春藤学校,她一定会继续给自己树立新的目标的。

每个孩子都有自己动力的驱动点,找到它们,并且和现实连接起来,这才能让孩子动力满满,勇往直前,持续进步。

二、关注成长

关注梦想实践,究竟要关注什么呢?这就要回到我们自己身上,关注人的成长。与成长相比,所有的结果都只是标记,所有的目标也都只是训练科目。

1. 梦想是未来与现实之间的差距

梦想是属于未来的,梦想中蕴藏了人们对价值的诉求和期待。既然是未来的,那就一定与现在有差距,也会有一些实现的难度和不确定性,否则,梦想唾手可得,那也就失去了梦想的意义。

这个差距在哪里呢?一方面源于能力,目前的能力达不到,需要通过训练去提高。能力达到了,梦想才会实现。比如高考或者中考,即便是政策允许低年级的学生参加考试,也很少会有人达到理想的分数,这中间有能力差,即训练和知识积累得不够。

还有一方面的差距源于资源,资源需要持续积累。比如,对一个职场新人来说，即便是业务能力没问题，但人脉关系和职业经验需要持续积累才能获得，需要一件事一件事地做起来，在做事的过程中，人脉自然就熟络了起来，增加了信任，同时也积累了经验。

除了这些，梦想就需要时间的差距来弥补了。即便是万事俱备，也需要时间来完成，这个时间的差距，也是对梦想的挑战和考验。

2. 梦想带来的动力，推动我们去积累

梦想实践的过程，往往就是持续积累的过程。我们需要把梦想具体化为一个个目标，然后再根据目标的要求制订计划，完成计划的过程就是梦想实践的过程。

梦想实践的过程中可能会出现种种困难，这些困难有些是意料之中，有些则是意料之外的。每一次克服困难都需要勇敢、耐心和坚持的品质。这个过程既是对这些品质的检验，也是对这些品质的训练。为什么有些人可以做出不同寻常的成绩？那是因为梦想的动力在持续地推动着他前进。

梦想成为一个为国争光的运动员，需要经年累月的持续训练。在这个过程中，有失败，有伤病，有打击，但是梦想正是持续训练的动力。梦想成为一个科学家，就需要认真学习，努力钻研。而梦想成为一个文学家、艺术家，需要博览群书，持

续创作。人生路上，梦想像一盏明灯，指引着人们前行。对屠呦呦来说，她的梦想是寻找抗疟疾的青蒿素，让更多人健康。为了这样的梦想，她致力于中医药的研究，攻坚克难。对袁隆平来说，不管稻子的产量有多高，他那个"禾下乘凉梦"都会一直激励着他持续努力，不断创造新的奇迹。

有个女孩，从小就有一个梦想——长大以后成为一名法官，即便是跟小朋友们在玩过家家的时候，她也总是扮演法官。后来她读了司法学校，真的成了一名法官，在基层法院工作，很辛苦，她也有吐槽的时候。朋友劝她换职业，改行做律师，但她说，做法官是她的梦想，不会放弃。就这样，不言富贵，在县城做法官，一晃几十年，这是梦想的力量。

梦想一经产生，就会持续发力，人们也会随着目标的实现，能力由弱变强，资源由少变多，目标也会越来越大。虽然难度会提高，但在这个过程中积累起来的对于梦想的信心，也在逐渐增强。

3. 成长了，梦想的意义也就实现了

当我们把关注点放在梦想的实践过程，放在过程中的持续积累，我们会发现：梦想的意义在于成长。

关注过程，并不是不在意结果。恰恰相反，**虽然结果尚未**

可知，梦想之下的目标却是志在必得的。因为那是梦想，梦想中蕴藏了个人的价值诉求，代表着一种个人价值的自我实现。与别人灌输的梦想不同，拥有自己的梦想，就不会在努力的过程中产生倦怠，也不会因为迷茫而放弃，只会不断确认："这样的目标是否是实现梦想的最佳体现""距离目标实现，我还需要提升些什么？"。

登山家夏伯渝老人可谓名副其实的梦想家。他在26岁第一次攀登珠穆朗玛峰的时候，因为帮助队友，导致自己因冻伤而双小腿被截肢。尽管如此，他并未放弃自己登顶珠穆朗玛峰的梦想。几十年来，历经截肢、癌症等磨难，尽管如此，他依然不断尝试攀登珠穆朗玛峰。对夏伯渝老人来说，每次攀登的结果都未可知，但他从未放弃，一直在为梦想做着努力。即便距离顶峰只有94米的距离，他也可以选择下撤，即便带着伤痛备受争议，他也要选择继续。2018年5月14日，四度遇阻却没有放弃梦想的夏伯渝，在69岁时第五次挑战登顶珠穆朗玛峰，终于成功，成为中国双腿截肢者登顶珠穆朗玛峰第一人。

目标的实现，就像是登山登到了一个确定的高度，但真正的梦想家关注的是"我走了多远""我的收获和成长是什么""我的梦想到底在哪里"，激励他们持续成长，不断前行，这就是梦想的力量。

三、做自己生涯的主人

做自己生涯的主人，就是可以掌控命运的人，不被环境限制，不被结果左右，从容不迫，积极进取。

1. 梦想实践的过程，是不断调整和重构的过程

做自己生涯的主人，首先就是不把梦想固化在确定的结果上。这是一种灵活性，更是一种内在的恒定。

梦想不是刻舟求剑，一成不变，随着外界的变化，自己也要随时做出调整。我们经常听到一个词：初心。初心是什么？它不是最初的目标，而是在持续追梦，持续探索的过程中，不断接近自己内心的愿望。

一个女孩，小时候想学跳舞，梦想成为一个舞蹈家。无奈家里经济条件不允许，父母也没有这个意识，不支持她学习舞蹈。后来，她就参加学校的舞蹈队，努力练习。在一次排练中，身体受伤，耽搁了大半年，也就退出了舞蹈队。周围人都劝她安心学习，将来好考上一所大学。无奈，她只得好好学习文化课，参加高考。

后来，她学习了数学专业，再后来做了中学教师。而此时，她并没有忘记自己儿时的梦想，还想做一个舞蹈家，年龄上已经不允许她从头开始，于是，她选择去成就很多学生的梦

想，她没有执着于自己的一个目标，而是看到了自己梦想背后的期待。在那些学生身上，梦想的力量被传递和延续。这些学生中，有人因为她的支持做了舞蹈家。

做自己生涯的主人，一定会面临各种突发情况，此时，需要做的就是不断地进行调整和重新建构。

2. 关注过程，我们关注的是可以改变的内归因

我们总会听到一些人关于外界环境的抱怨：老师不好、父母不好、同学不好、学校不好、政策不好、今年的考题不好、地区的教育水平不好、家庭环境不好……然后，得出一个结论，因为这些原因，所以我学习不好、习惯不好、品行不好……这中间的逻辑是，我是一个受害者。

这样的意识在成年人那里也非常普遍：领导不好、公司不好、同事不好、机会不好、行业不好、经济形势不好……而且这一切似乎都是事实，总能找到相应的证据来证明这一切。总之，他们想说"我是受害者"，背后的假设是，如果一切都好了，我也就能成功，我也可以很优秀。

受害者心态存在于很多人的意识里，而且很容易扎根。因为有了这样的意识，一个人就可以停止努力了。这种心态的逻辑是，外界不可改变，那我还能怎么办？然而，我们听到的每一个励志故事，主人公都是从改变自己开始的。

这些年来，很多人因为希望寻求改变来学习生涯教育。有些人学完以后就立刻开始实践，用在自己身上，用来支持家人和朋友。但是，也有一些人会发牢骚：一旦回到自己的环境，总有各种反对力量，家人不支持，领导不认可，周围没有同行者，很难开展。

有一位在持续践行生涯教育的老师说："作为一名三线小城体制内的普通老师，我当时觉得要将生涯规划师变成一份职业，几乎是天方夜谭。后来我把梦想调整为用实际行动去践行生涯理念时，就开始用各种方式的行动，如看书、听课、参加培训、写作、分享、做课程、做咨询，一步一个脚印地实践做生涯规划师的梦想。往回看，自己的梦想就在这个过程中通过自己的不断努力和积累慢慢实现了。"

3. 即便出现无常，我们也会在梦想的轨道上

生命中经常会有些事情和我们不期而遇，我们把它们叫作无常。这些事情打破了我们原有的计划和节奏，甚至会让我们止步不前。

有些事情，我们可以提前预防，比如，提前考虑评估可能的状况和风险；有些事情，我们可以临时应对，比如感冒发烧；还有些事情，我们需要去坦然面对，比如演讲的时候有人刁难，提出质疑。不管是什么事情，我们都要在无常之后去深

思,去总结:我们从中学到了什么?我的梦想在哪里?是否需要调整?为什么?

杨伟民是一位摄影师,他有两个梦想,一个是摄影,另一个是飞行。为了摄影,他辞去工作,成了一名真正的摄影师。为了飞行,他自己研究飞机制造。有一次,他在仓库里拍了一段视频,自己坐在没有完工的飞机上模拟驾驶。他把这段视频传到了网上,然后被很多人嘲笑:"木头黏起来的超轻型飞机想要飞起来,这不是痴人说梦吗?"可是,杨伟民不为所动,而制造飞机的过程,也是一点都不含糊,自学空气动力学,购买航天材料,寻找专家交流,现场研讨。

经过两年的努力,飞机终于做好了,这时候,原来答应试飞的飞行员由于胆怯,不来试飞了。杨伟民又做出了一个大胆的决定:自己驾驶飞机试飞(中国已经有这样的航空条例,超轻型飞机是可以合法飞行的)。杨伟民说,对自己制造的飞机充满信心。

试飞之前,杨伟民做了充足的准备,最终飞机试飞成功,安全着陆。对于他来说,经历了种种的困难和不可预期的无常,然而,他所坚守的,正是自己的梦想。杨伟民说,如果自己不做这种"傻事",自己怎么可能经历过让自己心里感动的时刻,能让自己记住一辈子这么美好的事情。有些事情你要去做,要去经历,你才能有美好的回忆。

梦想在于实践，实践梦想的过程，也是一个人持续成长和发展的过程。我们无法左右最后的结果，但是向前走的每一步，都在标记着成长的人生。

我们做生涯教育，要关注的绝不是当下的一次次考试成绩，也不是最后升学的结果。虽然那些结果很重要，但是教育者要关注的，更是孩子内在的动力，是孩子对未来的渴望，对生活的向往，以及在追寻自己梦想的过程中，所获得的成长。这是教育者的任务，也是生涯教育的初衷。

拓展梦想的 四个维度	重大 生涯节点	成长视角
时、空、内、外	拓展梦想的重要契机	梦想永远不会被实现

第四章
拓展梦想：世界无限，有迹可循

从建构梦想，到实践梦想，我们一直在路上。这不是一个有确定结果的路，而是在路上不断地成长，同时我们的梦想，也在持续地拓展。我们会发现，这个过程是一个螺旋上升式的循环，随着梦想的不断拓展，我们自己也在成长，同时，再加深对自己的认知，然后会继续建构出来新的梦想。这样循环的周期，有长有短。当我们熟悉了这样的节奏，熟悉了梦想的感觉，我们就会活在持续创造梦想的生活中，就会活成梦想家。

拓展梦想的四个维度：时、空、内、外

追求梦想是一个螺旋式循环的过程，从最初的建构梦想，到实践梦想，再到下一轮循环，中间有一个重要的环节，那就是拓展梦想。

有时候，人们担心梦想不能实现，担心梦想会惹人嘲笑，于是不敢将自己的梦想公开。藏得久了，连自己也对梦想失去了信心。于是，谈到梦想的时候，大脑会一片空白。这时候就需要激发，通过自我认知，建构出来本就属于自己的梦想。在实践过程中，梦想力逐渐发展起来。此时，需要拓展梦想，让梦想丰富起来。于是，一个人的梦想力就会像肌肉一样，在不断训练中强壮起来。

如何拓展梦想呢？这一节会讲到拓展梦想的四个维度：时、空、内、外。其中，时，指的是时间维度，就是通过看到生涯阶段的全局，拓展梦想。空，指的是空间维度，就是通过看到不同空间之下的角色，拓展梦想。内，指的是内在

维度，因为内在意愿度和信心的加强，推行梦想践行，加深自我认知，进而拓展梦想。外，指的是外部维度，外部视野的拓展无疑是重要的拓展方式。这四个维度彼此交互，共同作用。

一、时间维度

在不同的生涯阶段有不同的生涯任务，如果能够帮助孩子从时间维度看到人生的阶段全局，一定会有新的梦想出现。

阶段全局，本质上是对于生命的认知——人可以活多久，每个阶段都可以做点啥。这一方面来自我们自己的定义和建构，比如，"年幼时，可以早早地进行艺术启蒙""年轻时，朝气蓬勃，可以去大城市闯一闯""退休了，可以到处旅游，可以发展曾经的兴趣爱好"。其实，我们对于不同生涯阶段的梦想建构，更多的是来自他人的经验。

王石在其自传《我的改变》中，说到了自己人生的三个阶段，33岁创立万科，66岁退出后重新出发，这两个时间节点，正好把人生分成了三个33年。退休后，他人生的第三个阶段才刚刚开始。

王石在50岁的时候，还不大明白70岁之后要做什么，但是褚橙的创始人褚时健让他明白，"70岁之后完全可以再开创一种和原来完全不同的事业"。王石第一次见到褚时健，褚时健已经74岁,但是他兴致勃勃地给王石描述6年之后,橙子挂果后的情况。在书中,王石说,多年来,他一直以褚老为榜样。在第三个阶段,他想做创新性的、带有资源整合性质的事情,有挑战,生命才有意义。

可见,当我们看到了不同的人生阶段全局,特别是看到了让我们怦然心动的榜样时,我们就主动建构出来对未来的设想。在其中,梦想自然出现。

《百岁人生》中说到一个数据,现代人的寿命在不断延长,在过去的200年中,预期寿命一直在稳步上升,每10年增加2岁以上。这意味着,一个人如果现在40岁,就会有50%的概率活到95岁,如果现在20岁,就有50%的概率活到100岁以上。那么我们看,如果60岁退休的话,将面临三四十年的人生岁月。如果不早早规划新的梦想,这几十年该如何度过呢?

在我们的生涯教育培训课上,有一个练习,学员们分成六组,分别排演某个年龄段的一幕戏剧。这六个年龄段分别是,12~18岁、18~25岁、25~35岁、35~50岁、50~60岁、60~80岁。这样的划分是符合中国人的生涯发展特点的,在每一个阶段,都有其优势资源,也有矛盾冲突,还有独特的特点。

每次做完这个练习,学员们都非常有感触,这些学员都是学校老师和父母,年龄主要集中在30~50岁,他们在练习之后，都更加理解青春期的孩子。还有些老师把这个游戏带回到自己的学校，他们发现，孩子竟然知道60岁的生活！而且，有些孩子的反馈令他们惊讶，因为短短的一小时体验，孩子竟然自己得出结论："真应该好好学习的！"。

可见，看见生涯发展的全局，对孩子是一种重要的生涯教育。显然，这样的教育不应流于一种泛泛而谈的唠叨——"少壮不努力，老大徒伤悲"。也不应停留在过去的认知之中——"三十不学艺，七十古来稀"。

让孩子看到了生涯阶段的全局，他们就会开始建构出属于自己的人生，常常说到的"人生规划"就与此相关。人生阶段的全局，是梦想拓展的一个重要维度。

折纸界的大神罗伯特·J. 朗（Robert J. Lang），在他看来，折纸不仅仅是一项精美的艺术，还会对未来的航空航天、建筑、汽车、医疗、教育等领域做出巨大的贡献。罗伯特也确实做到了，他的老东家NASA（美国宇航局）想往太空运货，要用到卫星上的太阳能板，板子太大会超过严格要求，太小又不能运东西，这个死穴一时间成了宇宙难题。罗伯特用折纸的原理，和同事一起设计了一个太阳能板。这个板子可以折叠，大小可调整，而且无须宇航员额外拼装。最后，太阳能板设计成功了。

或许，好多人想不到，折纸不仅是一种艺术品，还能有这么大的作用，可以成为一种"正经"工作。其实，对罗伯特来说，这中间也有一个过程。

罗伯特在童年时就对折纸产生了极大的兴趣，10岁那年他就将家里所有的折纸书里的模型折了一个遍。直至他考入著名的斯坦福大学，也一直在玩折纸。之后他顺利完成了物理学博士的学业，并且此时的他已经有了上百件精巧的原创折纸作品。他也想一辈子折纸，但是罗伯特也知道，折纸养活不了一家老小。于是，他在NASA找到了一份工作，工作了13年之后，辞掉了让人艳羡的百万年薪的工作，他说："比起物理研究，我更爱折纸！我愿意用一生的时间去追求自己的折纸梦想。"从此，专心研究折纸。

罗伯特设计了折纸的计算机程序，把折纸带到了汽车、建筑、机器人、医药等各个领域。比如，用折纸原理设计的安全气囊、手术机器人、细胞级机器探针，真可谓把折纸玩到了极致。

如果放在生涯的全局来看，在不同阶段，自然有不同的重点。从罗伯特的案例中，我们可以看到，在二三十岁难以实现的梦想，可能在四五十岁却是实现的最佳时机。而实现了折纸梦的罗伯特，也离不开早年的持续积累，不管是折纸技能的持续训练，还是让人衣食无忧的物质积累。也正是因为将折纸技术拓展到了更多的领域，罗伯特的梦想才更加富有内涵和生命力。

二、空间维度

除了纵向的时间维度，在每段时间的横切面上，也就是具体到每个阶段，从空间维度看，我们每个人又都有着丰富的角色。看到不同角色的意义，我们才会有关于角色的梦想拓展。

角色的维度对梦想拓展的作用，是在悄无声息中发生的。比如，孩子们小时候玩的"过家家"，如果仔细观察，每个孩子"认领"的角色中，就有他们对于这些角色的期待。有人想成为一个好妈妈，有人想扮演孙悟空，有人想成为白雪公主。这些角色背后，就是梦想的起点。

教育纪录片《他乡的童年》在网上走红，总导演周轶君并不是一个教育家，她更为人熟知的身份是经常出入各种战场的国际记者。周轶君表示，她是在成为母亲后，对教育问题产生了浓厚的兴趣，所以试图用国际记者的视角讨论与分析议题，但她在做的事情本质上与过去并无差别：观察世界。

由此可见，一个人的梦想和成就也跟她曾经拥有的角色息息相关。周轶君和很多女性一样有着妈妈的角色，而跟大多数女性不同的是，她还有国际记者的身份，这两种角色融合在一起时，就让她有了和别人不一样的独特角色，也正是这个独特的多角色综合体，给我们带来了让观众颇有启发的教育纪录片。

同样，中国内地男歌手张杰，也拥有多种角色，他不仅是一位流行歌手，还是上海大学的老师。做歌手和做老师，是张杰曾经的两个梦想，如今都实现了。对于张杰来说，虽然早年因为家庭经济状况没有机会读音乐学院，但是他成为著名的流行歌手之后，开始做慈善事业，建立了"张杰音乐梦想教室"公益项目，在全国各地建立了几十个音乐教室，支持更多的孩子发展音乐梦想。可以说，这些梦想与角色的发展密切相关。

角色的出现，一方面意味着责任和担当，意味着角色意识的出现，另一方面，还说明了随着角色的出现，相应的资源得到丰富，能力得到提升。相应地，梦想自然就会出现。

在各种角色中，有家庭角色、职业角色，也有社会角色。帮助孩子树立角色意识，并且通过进入角色来拓展梦想的时候，不妨用这样的方式和孩子沟通对话。

如果你是一个让孩子喜欢的爸爸，你会怎么做？

如果你是一个优秀的工程师，你需要具备什么特点？

如果你是一个积极参与社会建设的公民,你都会参与什么社会活动?

通过这样的角色带入,可以帮助孩子主动了解更多的社会信息,进而开阔视野,丰富兴趣,产生梦想。

三、内在维度

无论是生命长度的时间概念,还是丰富角色的维度,都是通过一个人的认知产生作用,进而产生对梦想的拓展。而外部世界的信息积累,则是通过开阔视野,让一个人的认知发生改变的。这些维度都是通过内在认知的变化,来拓展梦想的可能性。

内在认知的调整,还可以通过意愿度和信心来实现。

一方面,在实践中,随着一个人对自我认知的加深,自然会对一些事情产生好奇,这时候会对一些事情的尝试有意愿度,梦想自然会产生。内在认知的调整,还有可能来自他人的支持和鼓励。比如,孩子经常去一些科技馆参加活动,得到一些反馈说他有科学家的研究精神,此时或许他就会有更强的意愿度去参与更多的科学研究活动,希望在这些方面有所突破,甚至会梦想成为一名科学家或者工程师。

另一方面,如果一个人在不断探索和尝试中培养了对于梦想的信心,就会不断接受挑战,不断扩大自己的能力圈,获得更多成就。这样的成功经验也会形成替代经验，提振一个人面对陌生事物的信心，进而产生更多对梦想的渴望。

意愿度和信心对梦想的调整和拓展，会产生非常神奇的作用。 从下面这个故事中，我们可以看到因为信心，而让梦想获得持续放大的轨迹。

朱晓玫是一位被称为"钢琴隐士"的华人钢琴家。她成名很晚，30岁去美国，待了6年后去法国，40岁之前几乎没有办过音乐会，2011年，她已经62岁了，因为乐评人张克新的一篇文章，才走进国人视线。

1979年，刚过30岁的朱晓玫，在老师的鼓励下，决定前往美国学习音乐。她在自传中写下："生活给了我什么？我三十多岁了，想弥补失去的时间，看看还能走多远，我知道参加国际比赛已经太晚了，但那又怎样？钢琴对我来说比任何事情都重要，我已经准备好进入未知的世界。"

从这段经历来看，老师的鼓励和家人的支持，是朱晓玫音乐梦想持续发酵的重要动力。

然而，在美国6年，生存都成问题，可以说是举步维艰。为了活下来，她要打五六份工，根本没有时间弹琴，也得不到演出的机会。她感到自己与这里开放外向的文化氛围不合，时常陷入沮丧，后来在朋友的鼓励下，她去了法国——"那个对艺术家最挑剔也最尊重的地方"，一切才稍微顺遂起来。

从美国去法国，这个决策也是在朋友的鼓励和支持之下做出来的，朋友的鼓励和认可给了她信心，让她能够将梦想持续下去。

朱晓玫40岁时，终于在塞纳河边的教堂举办了人生第一场正式的音乐会，没有海报，没有宣传，别人都嘲笑她。但是，朱晓玫说，哪怕只有一个观众都要开。她弹的是《哥德堡变奏曲》，现场居然坐满了观众，有的还坐在地板上听。此后，她一次又一次被邀请演出，《费加罗报》曾这么写道：请一定要去听朱晓玫演奏的《哥德堡变奏曲》，她的演奏就像作品本身那样纯净无邪。

被认可带来的信心，让朱晓玫的梦想得以延续。曾经有人问她，如果上帝就在面前，你会向上帝提出什么要求，她说，希望上帝介绍她认识巴赫。

后来，朱晓玫应邀参加莱比锡巴赫音乐节，在神圣的圣托马斯教堂，在巴赫的墓前演出。在此之前，还没有任何一位钢琴家有这样的荣誉。记者采访时，她说，这一次在巴赫墓前演奏他最重要的一部作品，用音乐和他对话，这是她做梦都不敢想的事情。

记者问及她对于未来的打算，朱晓玫说，她以前学音乐太不容易了，她想办一所音乐学校，帮助更多真正热爱音乐的年轻人。她的一生中充满奇迹，她希望这个奇迹也能发生。

鼓励、支持、信心、意愿度，这是追寻梦想路上最宝贵的财富，这些财富可以帮助梦想持续拓展，不断放大。

四、外部维度

如果简单地划分一下，我们的梦想都是来自内在和外部两个途径。通过外部的信息刺激，结合内在的自我认知，梦想就会出现。毫无疑问，外部视野的拓展，是梦想拓展的重要途径。那么，一般来说，都有哪些方式可以拓展外部视野呢？

1. 榜样人物

曾经有一个外部资源非常丰富的中学校长在交流的时候分享，学校每年会通过各种渠道邀请一些社会知名人士来学校做演讲。有作家、科学家、劳动模范、艺术家，他们的毕业生在高考填报志愿的时候，总会受到演讲嘉宾的影响。比如有一年邀请到了宇航员杨利伟做报告，于是，那一年报考航空航天大学和相关专业的孩子就比往届要多。

这就是榜样的力量，孩子们看到了，就会心生向往。

父母和老师可以通过广泛塑造榜样人物的方式，帮助孩子找到榜样。除了听演讲，还可以看纪录片，看名人传记，还可以通过周围的资源找到那些在职业发展中表现出色的人去聊工作、聊生活，找积极阳光、全面发展的大孩子一起游玩、学习。这些方式，都是可以让孩子看到、直接体验到榜样的力量，这些榜样会在孩子心里播下种子。

值得注意的是，树立榜样人物的方法，不是非要拿一些主流的"大人物"给孩子学习。如果带着强烈目的让孩子模仿，那样只会加重孩子的负担，可能会适得其反，引发孩子的叛逆。在孩子所能接触到的素材中找到他们喜欢的人物，才是树立榜样的最佳途径。

有个孩子喜欢奥特曼，于是，孩子的妈妈就引导孩子看到奥特曼的优点。孩子立志要做一个勇敢、助人和身体强壮的小"奥特曼"，这也成了孩子的梦想。此时，对角色的深入分析就将角色进行了拓展，让孩子的视野不再只是局限于表面的动画片。

后来，在玩益智游戏的时候，孩子表现出了充分的耐心，在遇到困难的时候，孩子也在不断尝试。他自己念叨着："奥特曼说了，遇到困难不坐以待毙！需要像奥特曼那样，想办法克服困难。有困难，也需要像奥特曼那样向外界寻求帮助。"甚至，孩子还学会了奥特曼的克制，给自己设定每天看动画片和视频的时间，到点了，就自己关闭电视。

一年多的时间，孩子把成为奥特曼当作梦想，通过观察和模仿，让自己变得更加勇敢、积极主动、善于合作。榜样的作用，可是比说教好很多呢。

2. 广泛阅读

除了榜样人物，另外一种更为集中的信息获得方式，就是阅读了。从不识字的时候看绘本到看有拼音的书，再到后来独立阅读。通过这个过程，不仅开阔了视野，而且也会在潜移默化之中，提升孩子的想象力、独立思考等能力。

阅读的好处自不必说，值得注意的是，书籍的选择是父母和老师们需要关注的一件事。学校有图书馆，班级有图书角，家里有书架，那么读什么书好呢？有些人会参考一些名著书单，还有人会看畅销书推荐榜，开卷有益，这些都是好方法。

如果从生涯视野拓展的角度，在孩子可以独立阅读的阶段，为了兴趣拓展，可以选不同领域的图书供孩子阅读。如果发现孩子爱读哪一类的书，就可能是他在那些方面有兴趣，可以进行有意识的培养。与此同时，也可以引导孩子去了解一些接触少的领域的书，探索更多可能，进而推动兴趣的拓展。

可以有意识地拓展以下几类书籍。

第一类是各类人物传记，包括科学家、艺术家、政治家、工程师、探险者等人物的传记，看他们的传记，就是在拓展不同的兴趣类型，如果孩子对某些人或者某些工作内容感兴趣，不妨结合人物访谈和实践，进行深入的了解。

第二类是文学书籍，包括各类童话、儿童文学、诗歌散文等。通过阅读文学书籍，丰富孩子的内心世界和表达方式。有些孩子会对文字感兴趣，甚至还会表现出敏感度和文字天赋，那就不妨在这个方面给孩子提供更多的机会。

第三类是有趣的研究实验类的书，比如探险、家庭实验、逻辑推理和思辨类图书，以此来拓展关于研究的兴趣领域。

还有一类是关于一些直接能力培养的书，这样的书以结果为导向，可以见到立竿见影的效果，比如财商、口头表达、礼仪培养等。

通过这些书，结合前面的自我认知，可以在持续的自我发展中拓展梦想。

有个朋友说起自己的女儿，最早的时候，职业理想是做一名理发师——大概那是她当时唯一近距离看到的职业了，因为即便是爸爸妈妈的职业，她也没有机会接触过。后来稍大一点开始学钢琴，她的理想变成了要做一名钢琴家。再后来，看到一些美术作品、时装设计产品，她的理想变成了要做一名设计师。到了十多岁，因为平时看了很多东野圭吾的书，她又对犯罪心理学产生了浓厚的兴趣，想要以后学习犯罪心理学专业，毕业后从事刑侦类的工作。

书籍是孩子们接触外部世界性价比最高的一种方式，了解越多，思考越多，产生梦想的机会也就越多。

3. 现实世界的实践与体验

读书和学习榜样人物都是间接经验，好处是可以迅速拓展视野，丰富梦想拓展的素材库。然而，梦想是否靠谱，终究是亲身体验来得更为直接。我们所接触的这个世界，本来也不是按照学科划分来呈现的，我们在书本上学到的是一个被重新建构过的世界，需要回到真实的世界中寻找梦想。

就像很多学生在高考填报志愿的时候，只是知道自己喜欢数理化，或者语文、英语、历史、地理、生物这些学科，但是不知道将来要做什么，更不知道未来的职业和自己学习的学科之间的关系。这是因为缺少对真实世界的了解和体验。

作为父母和老师，我们不仅要创造更多的机会让孩子去了解职业世界，更重要的是，让他们在真实体验中，进行更加深入的探索和研究，而不是浅尝辄止地泛泛了解。毕竟"纸上得来终觉浅"。

上海一所中学的校长分享说，他们每年都会组织学生做职业体验日活动。老师们联系学校附近的一些社会组织和可以提供支持的企业单位，带领学生进行深入参观、访谈，甚至是一日实习，学生们往往都有非常深刻的感受。有孩子在蛋糕房实习，做导购。他们后来说，本来将来想做蛋糕师，没想到蛋糕房的工作那么辛苦，每天要站八九个小时，这个职业目标要重新考虑了。看，这样的体验，在开拓未知世界的同时，也带来了对未来职业的深入思考。

盲人旅行家曹晟康的故事更能说明体验世界的重要性。曹晟康9岁时因意外失明，之后，他的每一次梦想突破，都是随着不断增加的体验而发生巨变的。他走过38个国家，以他为主角的纪录片《盲行者》入围"金爵奖"。

最初的时候，曹晟康渴望"走出去"。他说："我不求着谁，不靠着谁。"他离开家乡，到推拿店当学徒，而后自己开店做老板。2008年，他带着仅有的一点钱去了布达拉宫，当他登上布达拉宫最顶层的台阶时，在场的人为他献上了充满敬意的掌声。掌声中，曹晟康发现了生命新的意义。此后，他用了4年的时间，把全国的省份都走了一遍。曹晟康说，"虽然我是一个盲人，但我也有我的价值和梦想，我希望能够环游世界，我也可以用我自己的手帮助他人。"

曹晟康决定走出国门，这时，有驴友对他说："你迟早会'死'在路上的。"确实，对曹晟康来说，每一次的出国旅游都是一次"冒险之旅"，但他决意出走。"虽然我看不到这些风景，但是我想让它们看到我"，这是曹晟康经常说的一句话。

除了徒步旅行，攀岩、帆板、柔道，这些对健全人而言都需要许多力量和技巧的运动均成了他的爱好。如今，他走过的路,儿时的伙伴没有走过,他到过的许多地方,那个嘲讽他的驴友也没有到过。曹晟康的"出走"和冒险成功了。

一个人,一根盲杖,一副墨镜,七年,六大洲,三十八个国家。从盲人、学徒、老板到旅行家,"走出去"拓宽了曹晟康的视野,梦想也随之而拓展。曹晟康登顶过非洲第一峰——海拔5895米的乞力马扎罗山,他的下一个梦想,是登顶珠穆朗玛峰。

走得越远,梦想就会越大。

帮助孩子了解职业世界,是进行生涯教育的重要内容,也是拓展梦想的重要方法。确实,对未来职业生涯的准备是生涯教育中必不可少的一个部分,而了解职场,也是必须要做的。但是,从生涯视角为未来的职业做准备,不仅仅是了解职场信息这么简单。

这中间有以下两个必须要考虑的方面。

第一,对于职业世界的了解,不要局限于表面的信息收集,而是要沉入职业的本质。职业的变迁太常见了,昔日没有的职业,随着技术的革新和市场需求的变化就会出现,比如职业游戏玩家、宠物医生。而以前大家看好的职业,随着行业调整可能就会逐渐转型或者消失,比如电话接线员、邮递员、手绘制图员。如果让孩子将目光锚定在一些职业的表面信息上,信息过时且不说,可能会因目标缺失而更加迷茫。

第四章
拓展梦想：世界无限，有迹可循

那么，对于职业世界要关注什么呢？有三方面的信息：职业内优秀人物的成长历程，职业对于社会的价值，职业道德。这三个方面是职业的本质，不会随着外部世界的变化而变化，反倒是可以以此对世界有更为深刻的了解。

学生在了解优秀人物的成长历程时，一定会发现，万事皆通，在任何一个行业做到优秀，都需要非常类似的高贵品质，特别是勤奋、谦虚、自信这样的职业品质。优秀人物的成长历程会对学生产生潜移默化的影响。

学生在了解职业对社会产生的价值时，也会因为看到价值交换而关注社会发展。比如，商人是为了让商品更容易流通，医生是为了救死扶伤，教师是为了影响学生等。学生关注了这些价值，就会慢慢在自己的世界里树立对职业的理解，进而建立自己的价值观，在这个过程中明晰自己的职业选择。

而对职业道德的了解和学习，不仅是出于道德规范层面的考虑，而是为了了解职业的底线，从而敬畏职业，敬畏规范。每一项职业道德的规定都是有原因的：为什么咨询师不能和来访者交朋友；为什么公务员不能收受贿赂；为什么医生需要穿上专门的工作服装，在工作之前需要消毒杀菌；为什么士兵要服从命令等。对职业道德的理解，有助于学生们深刻理解社会规则。

相反，如果把探索职业世界定义为了解一些肤浅的职业信息，比如工作日常、待遇报酬、入职门槛、资格要求等，而且还刻舟求剑地固化这些信息，以此作为未来的发展目标，那就不是在支持孩子成长了，而是在束缚孩子将来的发展。

第二，将职业与现实的学习生活连接，才是生涯教育最需要考虑的。了解外部世界是一种教育手段，目的是帮助学生进行社会化。社会化的表现一方面是逐渐扎根的对世界的认知，从而将来可以尽快融入社会。另一方面就是对当下的学习生活产生影响，在成长中调整自己的方向，提升可以适应社会的意识与能力。

比如，因为对职业的了解，而树立了自己的目标，开始更加努力地学习。比如，因为对职业本质的理解，开始改变自己的习惯，追求卓越。这些都是与现实生活的结合，也都是为未来所做的准备。

不管是直接体验，还是间接信息，都是在通过丰富人和世界的更多维度的连接，进而激发每个孩子自己的内在世界，产生更多更大更丰富的梦想。

重大生涯节点：
拓展梦想的重要契机

梦想的不断建构、产生和拓展，一方面是客观世界的产物——因为外界的信息刺激；另一方面是主观世界的产物——因为自我认知的调整。

在这个过程中，一方面源于我们主动意识的作用——主动寻求资源，创造机遇，产生新的想法；另一方面在适应环境的过程中——接受了新的信息，从而产生了新的认知。所以，我们不仅要从激发梦想拓展的视角来看可能的维度，还要关注重要的生涯节点对梦想拓展的作用，即把握住主动的选择与环境的适应的机会。

主动的选择容易理解：我们因为追求梦想，而在关键节点上尽量选择符合我们未来愿景方向的选项，进而在其中创造新的梦想。比如，我们人生中的重要选择：升学、高考、求职时的专业或职业选择，还有重要关系中的伴侣选择。

看似主动的选择,其实也是阶段的产物:在某个阶段,受限于自己的信息和认知,受限于自己的能力和资源。每一次的主动选择,源于对自我的清晰认知,源于对自己的能力、资源的衡量和对外部信息的了解和把握。认识到这一点,我们可以提醒孩子早做准备,提升自己的能力,拓展和丰富自己的资源,主动了解信息,在每一次选择的机会来临时,更能把握机会,主动选择。

比如孩子面临高考志愿的选择和填报,可能会茫然不知所措,面对海量的信息不知从何选起。或许,会因此把选择权交给父母、老师,听凭他们决定。再或者是凭着只言片语的信息,选择了一个"热门"的专业和学校。

有一位大学生抱怨说:"我一直对园林的景观规划设计、构图比较感兴趣,高考填报志愿时,毫不犹豫地就报了园艺专业。入学后才知道,园艺属于农学,主要学习作物育种、栽培、生物技术、园艺产品采后的商品化处理、贮藏运销、园艺作物病虫害防治等内容,跟我想象中的专业差距很大。我所向往的专业是属于工学门类下建筑专业类中的风景园林专业。唉,这就是没有很好了解专业的后果……"

类似的事例在大学生中很常见。许多高中毕业生在高考填报志愿时,要么对专业不了解,仅凭专业名称望文生义盲目地填报;要么是因为对学校和特色专业不了解,而与理想的大学和专业失之交臂；还有因为对高考政策把握不准，填报了政策不允许的专业，如色盲填报了化学类专业、口吃填报了师范类专业等，而直接被高校拒之门外……如果换一个角度，把这样一次重要的选择看作对过去经历的梳理，对当下信息的收集、筛选和面向未来的连接，此时的选择就会更加笃定，也会对未来充满更多期待。

任何一种选择，都意味着进入一种新的环境、状态、场景，我们要"被动地"适应。比如，我们刚刚进入一所新学校，刚刚来到一家新公司，刚刚换了一份新职业，刚刚来到一座新城市。

看似被动适应，其实也在孕育着新的梦想可能性：**当我们把关注点放在新的场景对我们的能力增加和资源丰富时，梦想就拓展了。**

比如，大一新生刚刚离开家乡进入大学，在生活上会有种种不习惯，就会有思乡之情；在学习上有种种不明白，就会有厌学自卑之情。这看似只是需要调整和适应，但另一方面，如果开始关注大学图书馆里的海量存书，关注丰富自由的社团生活，关注同学之间充满青春活力的交往，梦想就会在这里拓展开来。

如何做选择，如何去适应，从一个角度来看，这是每个人都要遇到的生涯命题，从另一个角度看，这也是帮助孩子提升认知，训练能力，发展梦想的生涯教育的契机。

一、拓展梦想的契机之关键选择

我们经常会做各种选择,那些重大的选择会决定我们的人生走向。其实,准确地说,不是选择决定了走向,而是我们的思维模式、经验积累决定了一个个选择。

有些选择是有非常直接的结果出现的,比如升学、高考、求职。还有些选择看似没有方向性的转变,但我们的生活却已经悄无声息地发生改变,比如小学生要不要做班干部,中学生要不要参加社团活动,大学生要不要去参加社会实践,都会对我们的生涯产生影响。

对于选择,我们要关注两个维度,一个是过去的维度,一个是未来的维度。

在过去的维度中,我们的环境、过去的经历、接收的信息,决定了我们的认知和想法,也决定了我们想要去往哪里。同时过去的经验是否丰富,探索体验是不是足够,对于进行决策和判断有着重要影响。

比如,一个只是学习课本,很少涉猎其他知识,也没有什么社会和生活的体验与实践的孩子,在高考志愿填报的时候,如果希望通过一个测评就能得出一个精准匹配自己志趣的选项,这是无论如何也做不到的。无论测评有多准确,那也只会是基于过去信息的收集,然后用科学分析的方式进行重新分类罢了。如果过去缺乏相关的信息，结论怎么能得出来呢？

在未来的维度，我们要关注自己的期待，可能出现的环境对我们的影响和作用，以及这样的路径可能会出现的大概率事件。从过来人那里获得经验，也可以作为参考因素来判断是否符合自己的规划。

以高考志愿填报为例，对很多孩子来说，这可能是学生生涯中最重要的一次选择了。结合生涯的考虑维度，这次关键选择需要关注四个重要的因素。

城市的选择。对很多人来说，高考志愿填报中城市的选择，可能关乎很长一段生涯的选择。城市的选择有可能直接影响大学毕业之后的职业、行业选择，还关乎大的背景和环境。

可以说，在志愿填报过程中，城市的选择可能是最重要的一个因素，因为不仅仅是为了四年的学习，大学所在的城市很可能是未来人生梦想开始的地方。比如，关注金融行业，那么去上海读书可能就是更好的选择。而关注互联网，就要多考虑一线大城市。所以，父母有机会的话，一定要在寒暑假的时候多带孩子去其他城市多看一看。

具体专业的选择。也就是要看是不是有特别想学的专业，如果有些犹豫，就要调整一个重要的认知：不是一考定终生，也不是一个专业做到退休。大概率的事件是，一个人学什么专业，不一定从事相关的职业。所从事的第一份职业，一般会在十年左右转换。除非是一些技术型的工作，之后的发展要依赖之前的积累，比如建筑、医学、财务、法律、计算机技术等。即便如此，职场人也经常在四十岁之前进行转型，比如转型做管理等。

所以，在专业的选择上，要么特别笃定，要么就选择更为基础的学科。理工类的数学、物理，文科类的哲学、文学等，虽然不是那么"热门"，但是因为基础，将来从业的调整空间就比较大。在没有确定的情况下，选择一个适应性更强的专业，未免不是一种灵活的选择。

院系的选择。如果对专业没有明确的选择，那就尽量选择一些比较综合类的院系，至少在大的学科类别上不要搞错。所谓不要搞错，就是不要违背自己当下的意愿去做选择，比如明明喜欢文史类的专业，为了所谓的"热门"，为了"将来好就业"，非要选择电子技术、建筑工程类的专业。那么，进入大学之后的痛苦，会让人既失去了学习的动力，又无法拿到一个可以安身立命的专业本领。对孩子来说，志愿填报是在进入职场之前最后一次可以调整的机会，也是最初的自我决定的机会，父母和老师一定要尊重孩子的意见。

当然，现状是很多孩子没有主意。因为对职业没有认知，更没有听说过具体的专业，没有了解也就没有思考。这时候非要孩子自己做选择，无异于把完全没学过游泳的人扔到河里，他会溺水的。所以，父母要早做准备，给孩子提供机会了解更多的信息。如果到了最后的填报节点，在基于有限认知的情况下，还要尽量选择综合类院系，至少可以考虑大学期间多学一些基础内容或者交叉学科，便于建立认知之后进行转型。

学校的选择。还有些孩子连学科的大类都分不清楚，那该怎么办呢？此时，如果综合类的学科还确定不了，那就尽量选择一个综合类的大学。至少可以做的是，如果不满意，可以进入大学之后转换院系。虽然转系很难，但是在综合类大学，是有这样的可能的。再不济，可以辅修专业，可以旁听别的专业课程，这些都是办法。

曾经有个大二的学生来咨询，她在中国香港一家理工类院校学习，感觉非常痛苦，因为她喜欢人文类的专业，却读了一个理工类且十分实用的专业——测量学。她的痛苦还来自大学期间几乎没有可能转换专业，就连旁听也很困难。甚至，她还说，自己并不喜欢中国香港，她觉得这座城市和自己的气质不搭。

咨询之后，她选择转到了美国读政治学。虽然依然不明确要读什么专业，但是进入了文科类的专业，本身就是一种解脱。两年后，她写邮件说，已经开始实习，研究自媒体。新专业、新职业、新生活，都让她感觉非常愉快。

所以我们看到，选择的时候，面向未来是为了建构出来我们想要的生活。而过去的维度，是让我们可以在梳理自己的过程中，加深自我认知，找到我们的方向。

对于关键选择的两个维度，我们要考虑以下几个问题。

1）这个选择的意义是什么？

2）从过去看，自我认知会对这次选择起到什么作用？你的资源会对这次选择起到什么作用？

3）向未来看，你希望成为什么样的人？希望过什么样的生活？这对选择又会起到什么作用？

这几个问题看似简单，其实并不容易，有人从来没有这样梳理过，只是在选择面前，纠结而焦虑。纠结的是，什么都想要最好的。焦虑的是，资源不足，自我认知不足，甚至连"最好的"标准都不明确，选择当然很难了。

有个孩子，从小就有飞行梦。父母不以为然，从没想过"要让"孩子当飞行员。高二的时候，父母为了帮他能够走大学自主招生，让他参加大学的冬令营，跟着大学的教授做课题等，做了各种准备。

然而，在高二下学期的物理会考中，这个孩子竟然记错了考试时间，错过了会考，也就意味着错过了自主招生。之后，在没告知父母的情况下，这个孩子又报了空军招飞。就连这个消息，也是班主任和父母沟通时，他们才知道的。父母果断地和班主任说，不想让孩子走飞行员这条路，便与班主任合谋，找了个理由将孩子当飞行员的这条路掐断了。为此，孩子两天没去上课。

一个月后，孩子明确告知妈妈，他报名了民航的飞行员招生，这次别再从中作梗。班主任也给妈妈打来电话，说孩子一听到民航招飞，眼睛都放光了，这次，咱们都别阻拦了。妈妈心存侥幸："飞行员体检那么严格，怎么敢保证体检通过呢？"没想到，从报名开始，孩子制订了饮食及锻炼计划，每天监测，非常努力地学英语，像是变了个人一样。这时，父母才真的看到了梦想的力量。

如今，这个孩子已经从飞行学院毕业，成了一名飞行员。

在这个案例中，父母的选择只是看到了他们所期待的"好职业，好生活"，但是没有看到这个选择对孩子未来的影响。他们采取的方式，不是全面呈现，更多引领，而是简单阻止。所以，很长一段时间，父母不是孩子的资源，而是孩子选择路上的障碍。幸好，父母最后放手，不然，很可能会对孩子的发展以及家庭关系产生负面影响。

在教育的过程中，如果用心，就会发现"选择"的困惑到处都是，选择参加什么样的社团？选择参加哪个兴趣班？要不要竞选学生会？对于这些选择，孩子们的纠结可能是，如果因为选择，而失去了其他机会怎么办？怎么处理选择太多，但精力不足的问题？一旦参与竞争，又该如何面对竞争中可能遇到的失败和挫折呢？这些"选择"的困惑也都是重要的生涯教育契机。

作为父母，很容易简单直接地看到"功利性"的影响：是不是会直接影响升学加分？是不是会影响将来择校？是不是会提升孩子的自信心？是不是可以丰富孩子的童年生活？

如果从生涯发展的视角来看，这并不是一个非此即彼的严重选择，应该因人而异地进行分析，并且帮助孩子提升生涯能力。说到因人而异，有些人就迷茫了：我的孩子怎么"异"？所谓因人而异，并不是一个孩子一个办法，而是孩子自然就有自己的想法。作为父母和老师，要做的，就是听孩子的心声，然后给予孩子最大的支持。

比如，孩子想要竞选学生会，他感觉当学生干部很神气。就可以引导他思考：这个职位的价值？他可以参选的优势？如果竞选上了，他会和之前有什么不同？如果竞选不上，这又说明什么？他会如何面对？这样的选择，对他最大的意义是什么？参加竞选，会给他带来什么麻烦？这些麻烦对他有什么价值？如果不参加竞选，他还可以做些什么？这些问题，会引导孩子进行更加深入的思考，进而可以让这个过程变得更有意义。

通过选择，我们可以知道，我们要关注过去的经历梳理，如果过去缺乏相关的体验，那么现在就要开始积累：多看书，多与人沟通，多参加实践。同时，我们要关注未来的建构，关注我们自己对未来的期待。从自己内心中的渴望出发，不要担心选择是错误的，每次的经历都是宝贵的财富。即便选择不尽如人意，我们依然可以在未来调整。还要关注当下的过程，关注每一次选择本身的意义。在反思的过程中，孩子的生涯意识就提升了。

二、拓展梦想的契机之环境适应

我们要先建立一种特别重要的认知：适应不是被动的，当我们主动去适应的时候，我们其实是在建构我们的未来。从这个意义来看，适应本身也是一种选择——选择适应的态度，选择适应的方法和方式，选择适应的方向。

适应的态度最重要，积极还是消极，主动还是被动，这是由认知决定的。而认知又经常是学习到的——看别人都是怎么做的。比如，全家换了一座城市生活，如果父母无意中流露出来的是一种无奈、焦虑、无所适从，那么，孩子自然也会被影响。但是如果换一个角度：这是在开启新的生活，在新的环境中有很多新奇的值得发掘的地方，那适应的过程就会积极很多。

适应无处不在，孩子长到 18 岁，这个过程中就要面对很多次的适应：从幼儿园开始，每次升学都要换一些朋友、同学，还会换老师、换班级、换学校。这些新环境需要适应。有的时候，是小范围调整，比如换一个老师。有的时候，环境全都是新的，需要适应的因素就会更多，比如，小学升入中学，中学进入大学。学校要换，同学要换，老师要换，有时候连城市都要换。不仅外部环境变化，有时候生活内容也发生了变化，比如在小学，一、二年级和三年级以后，学习内容就会不同。到了初中，不仅科目变多了，思维方式也需要调整。孩子如何学会适应呢？

1. 调整认知：把新生活当作梦想拓展的机会

生活如流水般顺流而下，直到我们遇到了一个个困难和挫折。可以说，每一次的困难和挫折对我们来说都是一次适应。我们要看到的是，每一次困难和挫折会提醒我们要提升一种新的能力，而新的能力有可能再次拓展我们自己的维度，看到更大的空间、格局和视野。梦想，可能也会由此而得到拓展。小的困难和挫折如此，新环境所带来的大的适应与调整，更是如此。

比如，孩子换了一所学校，那么，新同学不认识，新老师不认识，新的课本、学习的节奏都不熟悉。如果把这一切都看作机会呢？新认识的同学或许很有趣，新老师或许可以教我们不一样的新知识，周围的环境也或许会有新发现。所有这一切都值得探索，或许新同桌会给我介绍一本新书，新老师的一堂课会让我对某个历史人物产生好奇。所有这些，不就是拓展梦想的好机会吗？

2. 积极发展支持系统

我们在适应环境的过程中，不可避免地会遇到一些困难，比如，不知道东西该如何摆放，不知道活动教室都分别在哪里，不知道大家的学习进度如何，此时，如果是一个人摸索，会比较困难。这样的问题对于内向的孩子来说，可能尤其困难。

所有的问题又都是有解决方法的，人具有很强的社会性，我们依赖社会来实现自我发展。性格特征只能说明我们的做事方式不同，不管性格特征是什么，我们都可以从以下几个角度发展属于我们自己的支持系统。

求助于人。 在一个陌生的环境，求助于关键人，这些人不见得是"重要人物"，但是对我们适应新环境会起到重要作用。传达室的老大爷、学校的清洁工、食堂的大师傅、自己的同桌、和善的学长，这些都可以是关键人物。他们会帮助我们迅速了解环境，融入环境。

求助于工具。 各种环境本身也是十分开放的，会提供很多工具供我们使用。比如地图、微信公众号和网页，还有一些学校有新人手册，我们要善用工具，这也是很多内向性格的人可以选择的方式。

求助于方法。方法就是前人总结出来的路径，按照方法来进行，适应起来自然会特别快。比如，进入新的学段，学长们总结出来的学习方法，就可以帮新生适应新的学习节奏。还有些学校着力打造这样的支持系统，让高三毕业生给学弟学妹们写信，从过来人的角度讲述如何度过一个有意义的高中阶段，这种方式非常值得借鉴。

当我们把这些维度都建立起来，支持系统也就搭建好了。在这个过程中，不仅发展了我们的生涯能力，比如人际交往、学习适应等，还在适应新环境的过程中，开阔了我们的视野。一个新环境的探索与熟悉，或许就会激发出新的梦想。

3. 建立适应图谱

我们总会发现一些人的适应能力特别强，可以游走在不同城市、不同领域，生活丰富多彩，事业遍地开花。而有些人总是畏首畏尾，不敢突破自己的舒适圈。其实，在那些适应达人的心里有一张适应图谱，这张图谱一旦建立，再多的困难和陌生事物，都只是同样模式之下的个性化调整而已。

适应图谱是这样的：首先对整个适应期有一个大致的判

断,然后将适应期划分为几个阶段,对每一个阶段的重点任务有一个大致估计,列出一个适应清单,每完成一项任务就打钩。这样,适应图谱就建立起来了。

很多家长都有过辅导孩子学习艺术技能的经历,往往是刚开始的时候孩子非常好奇,一旦进入基本功练习阶段,就会觉得十分枯燥,失去兴趣。当孩子开始烦躁的时候,大人也开始不耐烦了,最后以失败告终。

有一位文老师分享了她陪孙子学架子鼓的故事,她把孩子学习架子鼓的过程划分为三个阶段。

第一个阶段,新鲜好奇期。这个阶段,放手让孩子去玩。在这个过程中,注意观察孩子的兴趣点在哪里,是对节律感兴趣,还是对某一种乐器的某一个操作感兴趣。针对这些观察,加以引导和探讨,引发孩子更大的兴趣。

第二个阶段,技能提升期。这个阶段开始训练基本功了,枯燥单调,而且看不到"成果"。在这个过程中,就努力发现孩子的闪光点,任何一个在练习中做对的地方都需要被看到,被表扬。同时,还要不断鼓励孩子:谁也不是天生就会的,都是要经过艰苦的练习。随着自信心一点一点地提升,特别是在学会第一首随乐敲击后,第一个成果就建立起来了。

第三个阶段,持续提升期。这个阶段已经慢慢熟悉了练习的规律,开始深入学习各种技能,需要巩固和提高。在这个阶段，除了跟随老师学习技能，文老师还找到各种优美的架子鼓视频给孩子看，激发他更大的兴趣。每弹会一首曲子，会以各种方式进行庆祝。之后，又陆续安排孩子参加一些表演和比赛，在展示中提升信心，巩固成果。

经过这三个阶段，孩子彻底喜欢上了架子鼓，并且在一次比赛中获得了全国第二名。

从这个孩子的学习经历中我们可以看到，一旦建立适应图谱，就会对最终结果有信心。学习如此，任何一种适应都是如此。当我们建立起适应图谱，就会放下焦虑，梦想在这个过程中，也会因为笃定而得到发展。

4. 通过良好习惯固化适应成果

看似每次面对的挑战都有所不同，但我们从来不是从零开始的。每一次的经历中，我们除了积累经验和认知外，还积累了另外一项重要的价值——习惯。每个人的习惯不同，但是好的习惯不仅会取得偶然的成就，还会让我们持续获得成果。

即便只是关注习惯养成本身，也会让适应的过程变得更加容易。一旦习惯养成，适应就变成了我们加深自我认知，拓展梦想的新途径。

适应，是一个梦想拓展的契机，因为一次次适应下来，我们不仅提升了生涯意识，还训练了生涯能力，我们变得更有弹性，学会了在不同的环境中追寻自己的价值，在不同的场景中描绘自己的梦想。逐渐地，强适应性会让我们从快速地适应场景，转变为快速地寻找新的场景，因为，此时梦想的追求就变成了一种内驱力，而环境变化，领域更新就成了梦想拓展的必经之路。

成长视角：
梦想永远不会被实现

我们追求梦想实现的结果，有些一直在实践梦想的人也会坚信，梦想一定会实现。然而，从成长的角度看，被实现的是我们的目标，梦想永远不会被实现。

为什么呢？

因为，我们在成长，梦想也在成长。

一、梦想是成长的方向

梦想首先是一个方向，然后才被具体化为一个个目标。梦想之所以让人怦然心动，非做不可，是因为实现了梦想，就会带来巨大的价值，或是成就感，或是幸福感，或是完成使命之后的满足感。那些目标实现之后的价值，才是人们追求梦想的根本意义。至于目标，既可能会根据情况做适当调整，也可能会因为我们自己的成长不断提升，还可能会因为自我认知的加深,而不断拓展。

梦想可以表现为一个个具体的目标,但更是一个未来的方向。具体的目标实现时,梦想就变大了。

体育生大毛,有着这样的梦想轨迹。

大毛的文化课成绩不够好,但是体育成绩一直不错。高一的时候,看到师兄因为体育成绩优秀,被三所知名高校抢着录取。于是,大毛就有了一个想法——借助体育特长生的资格,考上一所好的本科院校。这样的目标成为大毛梦想的雏形。那时的目标是:市赛第一、省赛前三,高二能达到国家二级运动员的水平,高三靠体育特长考大学。

高二下学期,因腰椎间盘突出被医生勒令不能再参加剧烈的体育运动。运动成绩下滑,那时的梦想是:通过体育单招考一所省外的大学,学校不再那么重要,只想走出自己的家乡,看看外边的世界。那时的目标是:在保证伤病不恶化的前提下,保持成绩不下滑。

他硬撑着坚持训练,坚持到高三单招,不顾全家人的反对,坚定地跑去重庆参加考试,出乎意料的是,他不但考到了省外,竟然还进了一所较好的师范类院校。

到这里,是不是梦想就实现了呢?如果只是看最初考上大学的目标,确实是实现了梦想。然而,此时的大毛又有了新的梦想。

大毛进入师范类院校,看到学长们都出去做老师,感觉在台上讲课特别风光。大毛开始梦想着有一天能进入一所中学去当老师。那时的目标是:学好教育学、心理学,练好专业技能,考个中学教师资格证,在重庆找一所初中当体育老师。

大三那年,学校安排学生实习,大毛被安排留校实习,给大一学生上体育课。实习一学期下来,跟着实习老师学了很多专业教学的本领,同时被大学老师的工作环境和状态深深吸引。那时,大毛的梦想是:做一名大学老师。那时的目标是:考研。

研究生毕业后,大毛如愿进入了高校,但没有做成任课教师,当了辅导员。四年后,大毛的梦想又有了调整:做一名能帮助学生成长成才的辅导员。

七年后,大毛偶然参加辅导员技能大赛并获得了一等奖。此时,看到外面的人都在为自己的梦想、事业努力打拼着,他忽然萌生想法,要去外面看看,走出自己工作的舒适圈。他又有了新的梦想:做一名职业讲师,传播教育理念和方法。

说到梦想,大毛说,自己一路就是被梦想指引着前进。

大毛的经历和很多人类似:升学、考试、工作。在这个过程中,有些目标实现了,有些目标调整了。梦想就像是灯塔,若即若离,指引前行。

那么,梦想究竟是怎样的方向呢?

第四章
拓展梦想：世界无限，有迹可循

1. 价值观的方向

梦想首先是价值观的方向。价值观是每个人关于人生各个方面价值诉求的系统，会受到生涯发展阶段的影响，也会受到外界环境的影响，还会受到自我发展程度的影响。所以，我们的价值观是一直在调整着的。

一个人在青少年阶段，主要是通过学习和认识世界来慢慢地培养和发展价值认知，这个阶段，很大程度是受到了周围环境和重要他人的影响。比如做报告的名人、电影里的英雄、娱乐节目里的明星，他们都会影响孩子的价值观形成，进而影响一个梦想的诞生。

随着年龄的增长，到了大学阶段，我们就开始逐渐形成了较为独立的价值判断，对人生的大方向也越来越清晰了。这时候，我们就会有自己对未来的期待，出现了目标，可能是生活目标，也可能是职业发展目标。这些目标里藏着我们的梦想，也藏着我们的价值观。比如有大学生希望在人工智能领域深造，成为这个领域的专家，因为他知道，人工智能技术必将改变人类生活。成为这一领域的专家，他可以获得更大的成就感。

同时，有些价值被阶段性地满足了，目标也就调整了。比如，最初希望通过经济独立来获得成就感，这个目标很快实现了，追求成就感的价值观还在，但是目标就要调整。比如，一个人结婚生子，对事业的追求可能转向了家庭生活，此时的价值观重心有可能是维护家庭的平衡稳定。或许，有些价值一直没有得到满足，价值观也有可能发生调整。比如，一个人的职业发展一直不顺利，价值观就可能从追求成就感，转化为追求内在平和与兴趣发展。

因为各种各样的因素，价值观会有各种调整的可能，进而梦想也会随之发生变化。具体的目标可以实现，但是梦想一直在成长。

小玉在大三的生涯规划课上，写下了未来十年要实现的十个梦想，这其中有买房子，买车子，自己去丽江……当毕业后，有了自己的工作，有了独立的经济能力，在自己的努力下，这些梦想都一一实现了。

很自然地，小玉开始期待更大的梦想，比如，对于本职工作，当它能够给自己提供稳定的薪资以及由此得到家人和朋友的认可，自己就期待工作能够给自己带来更大的成就感、可能性、新鲜感、价值感。

于是，小玉开始发展第二职业，慢慢地，当第二职业越做越好的时候，她又开始期待能够成立自己的公司。就这样，在一步步实现小目标的过程中，价值追求不断调整，梦想自然也在调整。

2. 能力天赋发挥价值的方向

在梦想中，藏着我们期待的价值，而在所有价值中，有一种价值特别重要，就是我们自己的成就感。成就感之所以重要，是因为成就感满足了"自我实现"的需求。而成就感满足的方式，就是通过能力来实现一些具体的目标，做出成绩。

能力有天生的部分，我们生而为人，自然就具备一些可以实现价值的能力。其中，那些因为特别擅长而可以创造特别大价值的部分，就是天赋。还有一些能力，是通过后天学习和训练获得的。天赋通过持续的学习和训练也会得到加强。

为了能够获得成就感，我们一方面关注学习和成长，另一方面关注天赋和优势，也就是那些可以更容易带来成就感的地方。我们的梦想常常就是围绕着能力天赋来的，特别是对未来迷茫不知所措的时候，我们对能力天赋的关注，其实就是对成就感的关注。因为能力是持续发展的，那么，随之而来的梦想，也因为能力的发展而调整着，至少在成就感的追求上，能力带来自信，也带来更大的期待。

乔丹可以说是历史上最伟大的篮球运动员，他曾经率队获得六次NBA（美国职业篮球联赛）总冠军，两块奥运金牌，并获得总统自由勋章。乔丹在NBA历史上创造的奇迹，令许多运动员惊叹，著名篮球运动员科尔曾说，"我不认为乔丹能够被超越,甚至都没有人能够接近他的地位。"

乔丹之所以能取得这么多成就,同他的天赋和能力密不可分。乔丹的身体素质非常突出,他身体肌肉中的脂肪比重只有3%,通常脂肪占比为5%就被誉为运动天才。他也是少数年过三十,表现并未明显衰退的奇迹运动员。经过测验,乔丹的百米速度是10秒7,跳远成绩为7.5米。不仅身体素质超好,乔丹也具备很强的影响力和领导力。他的教练菲尔·杰克逊评价他说:"乔丹不是我见过最有篮球天赋的球员,但他绝对是最有斗志、最执着的一个。"

由于能力卓越,乔丹也因篮球获得殊荣,不管是曾经做篮球运动员,还是之后做篮球队老板。可以说,能力天赋发挥价值的方向,就是他终生梦想的方向。

3. 愿景的方向

梦想有两个属性,一个是向内的,也就是满足了个人的诉求,不管是一时的需求,还是持续调整的价值观。另一个是向外的,是社会属性,也就是可以满足他人的价值。

我们的梦想绝不只是和自己有关,这其中有一个辩证的关系,个人的价值追求,只有建立在对他人价值的满足之上,才有可能建立起来,并获得持续的发展。同时,个人价值的持续满足,带来的目标实现,梦想拓展,又势必会产生对社会和他

第四章
拓展梦想：世界无限，有迹可循

人有更大价值的新目标。

愿景经常会在一些伟大的人物身上和伟大的组织中出现，在愿景中，个人和组织都带着自己的使命感。阿里早期成立的时候，他们的企业使命是，让天下没有难做的生意，对"得到"来说，他们的使命是：一起建设一所终身大学。对谷歌来说，在1998年创立之初，就把自己的使命确立为：组织全世界的信息，并让这些信息能够为所有人所用。

个人也是如此，周恩来曾经写下"为中华之崛起而读书"，中华崛起，就是他的愿景。文学家鲁迅不管是最初从医，还是后来转文，都有同样的愿景：救国。而美国人埃隆·马斯克在14岁时接触到了对他影响最大的一本科幻小说——道格拉斯·亚当斯写的《银河系漫游指南》，自此确立了他的使命：唯一有意义的事情就是去为人类争取更大的集体启蒙。而且这一信念从未动摇。从PayPal，到特斯拉、SpaceX、太阳城、超级高铁，他的创业历程中遭遇过无数次失败，但每一次的突破都令全球惊艳。

愿景，一定是超越了个人的更大的目标。一旦小目标实现了，人们就会出现更大的价值追求，而这样的价值追求又往往需要更长的时间、更多的人一起来实现。愿景之所以是超越个人的，就是因为个人虽然在其中有自己的价值，但愿景本身的意义，并不是为了满足个人价值。在愿景面前，个人价值就显得微不足道，愿景，成为人们持续追求之后的，更大的梦想。

二、梦想随着目标的实现不断拓展

1. 目标是当下资源对于梦想的配套

我们会发现，同样的梦想，会出现各种不同的目标。比如，梦想是"成为教育家"，有人希望写出一本书，总结梳理自己多年的教育经验；有人想做一百场高质量的分享，传播教育理念，影响更多人；还有人希望教出一万名学生，在退休的时候，可以看到桃李满天下。不同的具体目标，对应的其实是每个人不同的能力、经验、资源、背景、兴趣，以及对于梦想本身的解读。

对于同一个人来说，也是如此。如果梦想是成为一名作家，最初的目标可能是作文竞赛获奖，考上名校中文系；后来，目标变成每年写一本书；再后来，目标又变成获得茅盾文学奖。到了著作等身的那一天，可能诺贝尔奖都不见得是自己最希望得到的了，而是会回到梦想的本质，定义自己的梦想——希望成为一个什么样的作家。

我们的目标总是和当下的资源配套的。这个资源就包括了自己的能力、兴趣爱好，对自己的深度认知等。当资源发生了变化，目标自然改变，梦想也随之调整。

2. 目标实现了，才会看到更加重要的梦想

我们可能对这样的梦想不陌生，"赚到人生第一个一百万""买一栋自己的房子""全球旅行"……有人说，这些不是梦想，因为这些目标中有赤裸裸的欲望的味道。即便是环球旅行，人们也会质疑：难道这真的是梦想吗？如果有钱有闲，那还不是立刻就可以实现的？况且，很多人并不是真的有旅行梦想，只是觉得这样会很有趣、很自由。

确实，这些只是目标，可能是通往梦想的目标，也可能与梦想南辕北辙。然而，我们不能否认的是，这些目标也很有意义，特别是一个人在经验匮乏、能力匮乏，基本需求没有被满足的时候，有些目标就是一个人奋斗的原始动力，他们被一些生存和安全需求所激发，将这些需求的满足作为梦想去追求。一旦目标实现，梦想或许就发生了变化。甚至有时候目标没有实现，需求被满足了，目标就开始调整了。

我们对这样的事情也不陌生，某企业家做慈善，捐助贫困地区，捐助教育，捐助灾区。最初，他的家乡贫瘠，于是想方设法经商谋生，后来带动乡邻，再后来回报家乡，捐资助款。按照马斯洛的需求层次理论来看，一个人的生理、安全需求很容易被满足，那么需求就会不断升级，梦想也会因此而升级。

即便是目标尚未实现，人们在努力奋斗之余，也可以问自

己：我努力赚到的一百万，对我意味着什么？还有没有别的方法？全球旅行，可以给我带来我想要的东西吗？我想要的到底是什么？这样的问题，会让我们回归内心，看见真正属于自己的梦想。

3. 满足感，源于一直在路上

我们的成就感、幸福感，不仅仅源于梦想实现的那一刻，而是在为梦想奋斗的过程中。有大学老师讲了这么一个故事。

有一位学电视节目制作的同学 H。刚入学时，家人质疑他所选的这个专业的发展前景，所以不给他经济支持，班里同学在购置摄像机时，他却无力承担。那时，他怀疑自己，甚至全盘否定自己。导致长期失眠、神经衰弱。他告诉老师，选择这个专业就是因为自己想做一名导演，想要拍出自己的影片，如今考上了大学，却不能如愿，物质和精神上都得不到家人的支持……

他选择出去走走，调整心情，也看看外面的世界，再决定他到底适不适合做编导。他买了一张站票去了北京，在地下室和车站睡了几晚。期间，他想尽办法溜进某剧组的拍摄现场，也去了很多文化公司了解拍摄工作的需求等。一周后他回来了，像是变了一个人，白天上课，晚上在网上学习基本的剪片技术，还找了两份兼职挣钱买摄像机。

他说，做导演是他的梦想，他看到很多导演都是一路摸爬滚打过来的，他想要全力以赴地去实现梦想。就这样带着自己的导演梦，每天只睡 3~5 小时，更多的时间是在挣钱和练习剪片中度过的。

大二下学期，他很兴奋地告诉老师，自己靠兼职存下来 2 万多元，可以买一套他看中的拍摄设备了。那种兴奋，让人看了特别心疼。

他买回了自己的设备。那时，他的拍摄和剪辑技术，已经在学生中非常突出了。他曾协助学校老师拍摄、剪辑了几部参赛作品。他说，要拍一部有思想和灵魂的毕业作品。他用了近 1 年的时间准备素材，完成拍摄。那时，他的头发白得像个中年人，可他心中的那个梦想却依旧像一团火，熊熊燃烧！

他拍摄的毕业作品，当年荣获省里某影视比赛金奖。

毕业后，他一路北上，和一群追梦的青年人住地下室，吃泡面，在不断的学习和实践中，有了更多的体验，开阔了对编导这个行业的眼界，也结识了很多业界的大咖。2018 年，他签约上海一家传媒公司。

第二年夏天，他剪辑的影片获得了伦敦国际广告节的金奖。

对于 H 来说，他的满足感不仅仅来源于最后获得的这个金奖，在他确定要拍属于自己的影片的时候，当他自己攒钱买了一套摄影设备的时候，当他可以拍摄、剪辑出来第一部作品的时候，每一次，他都幸福满满。而且，在未来，随着他对自己认知的加深，以及资源的增加，他的梦想必将持续调整。对他来说，幸福感不仅仅来自一个结果，而是来自在持续追求梦想的路上。

在我们进行生涯教育的时候，要做的不只是帮助孩子确定一个未来的"黄金"职业，更不只是为了选好科目，报好志愿。生涯教育的根本目的，是让孩子学会探索世界，学会探索自我，是让孩子建立生涯意识，是让孩子因为有长远的眼光，更大的格局，全面的视角，而心怀梦想，信心满满地开启人生。

一个拥有梦想的人，是属于未来的。而培养一个拥有梦想能力，可以建构属于自己的梦想，持续实践梦想的孩子，正是生涯教育要做的事情。回首岁月，如果一个人最为感念的教育，是学会了相信梦想，那这样的生命一定充满活力，永葆青春。这样的教育，也一定生生不息。

生涯教育，就是梦想教育。

后　记

薪火相传，成为孩子一生的贵人

写一本书，真苦啊。

每写一本书，我都有这样的感慨。这是我的第四本书，每一次，我也都在心里默默地说，再也不写了，这是最后一本了。我也知道，不出两个月，新书计划又浮出水面了。

于是，在每次写作前，我都会问自己："为什么写这本书？"写完之后，我又会问自己："为什么写这本书？"

是啊，为什么写这本书？我想到了一位老人，影响了我一生的老人。

他是我的邻居，我叫他"杜伯伯"。从童年记事开始，杜伯伯家就是我的乐园，我在他家里做作业、看电视、读书、下棋、喂鸡、逗猫。杜伯伯总是一脸的微笑，和蔼地和我聊天。在那个年月，除了课本，我几乎没有机会再接触别的书。杜伯伯家里的书就成了我唯一的宝藏,他像是有意识地,分门别类地借给我书看。而且,每次看完书,他都会和我交谈一阵。他像一个导游,带领我在知识的海洋里遨游。

那是一个周末,温暖的午后,阳光斜照进小院。阳光经过的地方,门槛前面,杜伯伯坐在一个竹椅上,戴着老花镜看报纸。抬起头,看我抱着一堆书来了,笑呵呵地放下眼镜,拉了一个板凳,请我坐下。顺手卷了几张报纸,像是一个话筒的样子,递到我面前:"来,昂昂,我来采访你一下,看完这个连载小说,你有什么感想啊?"

几十年过去了,我已经完全记不得当年说了什么,但是竟然还记得当时的感受。先是紧张,像是真的接受了采访,然后,看到杜伯伯那双温暖的眼睛,我就慢慢放松了,开始说自己的想法,一直说,一直说。面前的杜伯伯,就那么认真地听,笑眯眯地点头,时不时地问我一个问题。

这样的场景在几十年后似乎翻转。2015年的一天,我在杜伯伯的家里,听他讲这些年的故事。此时,他已是八十多岁的老人,一位走路要靠助步器的老人。

杜伯伯不讲自己,讲得都是他的那些"孩子们"。杜伯伯做了一辈子教师,退休后又申请作为基金会义工,去农村看望、寻访、帮助贫困家庭的孩子。这些孩子中,有的孩子父亲因病去世,母亲改嫁;有的孩子父母双亡,自小跟着爷爷奶奶生活；有的孩子因为贫困在学校不舍得买菜，只吃干馍、喝水……这些孩子都牵动着老人的心。

杜伯伯笑着和我说，自己笨，不会用电脑，不会用手机，只能写信。在他家里，我看到一摞摞的孩子回信。我仿佛回到了自己的童年，看到了杜伯伯和蔼地和孩子们聊天，鼓励他们坚强，鼓励他们乐观。只不过，当年我的"杜伯伯"，已经成了这些孩子的"杜爷爷"。

后来，我从新闻报道上看到，在杜伯伯做义工的十几年时间里，给孩子们写了几千封信，平均一年400封。杜伯伯还把自己的退休金全部都用在了这些孩子身上，买书、买文具、买冻疮膏。有一个孩子，在写给"杜爷爷"的信件中无意提到了自己对过生日吃蛋糕的渴望，"杜爷爷"算着他的生日，给他寄去了50元钱，并在信中祝他生日快乐。"相对钱和物来说，孩子们更需要的是关注、鼓励和引导。"杜伯伯这么和我说。

这次见面时，带着助听器都听不太清楚的杜伯伯，说得多了，听得少了。我印象最深刻的，是他谈起我的职业。他说："昂昂，我不知道你的职业具体叫什么，就知道你是在帮助人。每个人在一生中，总有几次大的转折，那个时候，特别需要有人指点迷津。"他聊到了自己的人生中曾经的迷茫，然后鼓励我说："昂昂，你的工作很有意义啊，帮助人顺利地通过人生转折点。要好好做下去!"听着这些话,想到老人对我的种种影响,不禁潸然泪下。

这是我最后一次和杜伯伯见面,2018年,他永远离开了我。

杜伯伯的好多故事,我都是在网络上看到的。在一则报道里,当年杜伯伯帮助过的很多孩子已经走上工作岗位,开始回报社会。其中一个孩子,把自己的第一个月工资交给了杜伯伯,让尊敬的"杜爷爷"把钱转给需要的学弟学妹。我想,薪火相传,就是教育的意义吧。

每当想到杜伯伯,我就想起他和我说的话,感觉自己的工作就找到了意义,所有的辛苦劳累也都有了价值。我们每个人的成长和发展都离不开所处的环境,从家庭、邻里到社区、工作单位,乃至整个社会,在这个大系统中,我们每个人都不是孤岛,我们接受恩惠,接受爱,然后再传递爱、传递温暖、传递智慧和光明,回报这个社会。我想,薪火相传,也正是教育的意义吧。

在书稿的写作过程中,我和任老师商议,把这本书的所有稿酬全部捐出来,作为一个基金,买更多的书,赠送给需要它的人。我们都希望,生涯教育能最大限度地普及,让更多的孩子心怀梦想、充满信心,积极乐观地面对未来。我想,这份爱和智慧,也能薪火相传。

每一位父母和老师都会是孩子成长过程中的重要的人,如果多年之后,被孩子回忆起来的时候,能有一句评价:这是我生命中的贵人。可能,这就是对教育者的最美赞誉了吧。

让我们和孩子共同成长。

赵 昂

2020 年 2 月

参考文献

[1] 加德纳. 智能的结构 [M]. 沈致隆, 译. 杭州: 浙江人民出版社, 2013.

[2] 加德纳. 重构多元智能 [M]. 沈致襄, 译. 北京: 中国人民大学出版社, 2008.

[3] 加德纳. 多元智能新视野 [M]. 沈致隆, 译. 杭州: 浙江人民出版社, 2017.

[4] 迈尔斯·伊莎贝尔, 迈尔斯·彼得. 天生不同 [M]. 闫冠男, 译. 北京: 人民邮电出版社, 2016.

[5] 任国荣. 新高考选科实用指南 [M]. 石家庄: 河北科学技术出版社, 2019.

[6] 赵昂, 于翠霞. 播下梦想的种子: 中学生成长手册 [M]. 北京: 机械工业出版社, 2018.